essentials

essentials liefern aktuelles Wissen in konzentrierter Form. Die Essenz dessen, worauf es als „State-of-the-Art" in der gegenwärtigen Fachdiskussion oder in der Praxis ankommt. *essentials* informieren schnell, unkompliziert und verständlich

- als Einführung in ein aktuelles Thema aus Ihrem Fachgebiet
- als Einstieg in ein für Sie noch unbekanntes Themenfeld
- als Einblick, um zum Thema mitreden zu können

Die Bücher in elektronischer und gedruckter Form bringen das Expertenwissen von Springer-Fachautoren kompakt zur Darstellung. Sie sind besonders für die Nutzung als eBook auf Tablet-PCs, eBook-Readern und Smartphones geeignet. *essentials:* Wissensbausteine aus den Wirtschafts-, Sozial- und Geisteswissenschaften, aus Technik und Naturwissenschaften sowie aus Medizin, Psychologie und Gesundheitsberufen. Von renommierten Autoren aller Springer-Verlagsmarken.

Weitere Bände in dieser Reihe http://www.springer.com/series/13088

Roland Eckert

Lean Startup in Konzernen und Mittelstandsunternehmen

Ergebnisse einer Expertenbefragung und Handlungsempfehlungen

Roland Eckert
FOM Hochschule für
Oekonomie & Management
Hochschulzentrum Düsseldorf
Düsseldorf, Deutschland

ISSN 2197-6708   ISSN 2197-6716   (electronic)
essentials
ISBN 978-3-658-15774-6   ISBN 978-3-658-15775-3   (eBook)
DOI 10.1007/978-3-658-15775-3

Die Deutsche Nationalbibliothek verzeichnet diese Publikation in der Deutschen National-
bibliografie; detaillierte bibliografische Daten sind im Internet über http://dnb.d-nb.de abrufbar.

Springer Gabler

Gedruckt auf säurefreiem und chlorfrei gebleichtem Papier

Springer Gabler ist Teil von Springer Nature
Die eingetragene Gesellschaft ist Springer Fachmedien Wiesbaden GmbH
Die Anschrift der Gesellschaft ist: Abraham-Lincoln-Str. 46, 65189 Wiesbaden, Germany

Vorwort

Das Konzept des Lean Startups hat in den letzten Jahren insbesondere bei jungen Wachstumsunternehmen eine hohe Beachtung erfahren. Zunehmend findet das Konzept nun aber auch in Konzernen und Mittelstandsunternehmen Interesse. Dennoch gelingt die erfolgreiche Anwendung von Lean Startup in den sogenannten etablierten Unternehmen nicht immer. Das vorliegende *essential* soll dazu beitragen, die relevanten Unterschiede zwischen jungen und etablierten Unternehmen darzustellen und hieraus Handlungsempfehlungen für das Management etablierter Unternehmen abzuleiten.

Das vorliegende *essential* basiert auf verschiedenen aktuellen Veröffentlichungen von Prof. Roland Eckert zu den Themen Business Innovation Management, Hyperwettbewerb und Business Model Prototyping. Insbesondere nimmt das vorliegende *essential* Bezug zum aktuellen Buch „Business Innovation Management. Geschäftsmodellinnovationen und multidimensionale Innovationen im digitalen Hyperwettbewerb". Einige grundlegende und ergänzende Gedanken finden sich auch bereits in dem früheren Buch von Prof. Eckert, welches unter dem Titel „Business Model Prototyping. Strategische Geschäftsmodellentwicklung im Hyperwettbewerb. Strategische Überlegenheit als Ziel" ebenfalls bei Springer Gabler im Jahre 2014 veröffentlicht wurde.

Düsseldorf, Deutschland
im September 2016

Roland Eckert

Inhaltsverzeichnis

Der Autor

Prof. Dr. Roland Eckert ist Professor an der FOM Hochschule für Oekonomie & Management und ausgewiesener Experte in Fragen der Geschäftsmodell- und Strategieentwicklung sowie in der Umsetzung von strategischen Unternehmensprogrammen. Er hat in den letzten Jahren eine Mehrzahl von Büchern und Beiträgen zum Thema Business Innovation Management, multidimensionale Innovationen, Geschäftsmodellentwicklung und strategische Programme mit besonderem Fokus auf den digitalen Hyperwettbewerb veröffentlicht.

Prof. Eckert hat mehr als 20 Jahre in leitenden Positionen für namhafte internationale Beratungsunternehmen gearbeitet und eigene Geschäftsbereiche geleitet. Seine Klienten umfassten Großunternehmen und auch mittelständische Unternehmen verschiedener Branchen.

Für Fragen oder Anmerkungen zu den Inhalten dieses *essentials* kann sich der Leser direkt mit dem Verfasser in Verbindung setzen.

Kontaktinformation:
FOM Hochschule für Oekonomie & Management
Hochschulzentrum Düsseldorf
E-Mail: roland.eckert@fom.de
www.hyperwettbewerb.com

Zum besseren Verständnis: Etablierte Unternehmen vs. junge Wachstumsunternehmen

1

Das Konzept des Lean Startups hat in den letzten Jahren insbesondere bei jungen Wachstumsunternehmen eine hohe Beachtung erfahren. Zunehmend findet das Konzept nun aber auch in Konzernen und Mittelstandsunternehmen[1] Interesse. Dennoch gelingt die erfolgreiche Anwendung von Lean Startup in den sogenannten etablierten Unternehmen nicht immer. Begründet wird dies dann häufig u. a. mit der unterschiedlichen Innovations- und Entscheidungskultur in jungen Wachstumsunternehmen und etablierten Unternehmen.

Diese Unterschiede zwischen etablierten Unternehmen und jungen Wachstumsunternehmen existieren. So verweist z. B. Lindegaard (2011) auf die höhere Entscheidungsgeschwindigkeit in jungen Wachstumsunternehmen. Zudem scheinen junge Wachstumsunternehmen und deren Entscheider häufig vergleichsweise risikobereiter. Gleichzeitig stehen den jungen Wachstumsunternehmen aber auch weniger Ressourcen (z. B. insbesondere finanzielle Ressourcen, Mitarbeiterkapazitäten) zur Verfügung. Zwei weitere Unterschiede werden jedoch nur selten thematisiert. Diese sind aus unserer Sicht jedoch von wesentlicher Bedeutung für eine erfolgreiche Anpassung von Lean Startup in etablierten Unternehmen:

1. **Wettbewerbsschwerpunkte:** Eckert (2016, S. 28 ff.) unterscheidet zwischen dem Wettbewerb um Marktanteile und dem Wettbewerb um Chancenanteile. Beim Wettbewerb um Chancenanteile geht es um das Finden von Opportunitäten und dem Aufbauen von nun „zeitlich begrenzten Wettbewerbsvorteilen" (vgl. McGrath 2013). Im Wettbewerb um Marktanteile steht dagegen das

---

[1]Im Folgenden sollen Konzerne und Mittelstandsunternehmen auch unter dem Begriff der „etablierten Unternehmen" zusammengefasst werden.

© Springer Fachmedien Wiesbaden GmbH 2017
R. Eckert, *Lean Startup in Konzernen und Mittelstandsunternehmen*, essentials,
DOI 10.1007/978-3-658-15775-3_1

1

Bemühen im Mittelpunkt, einen bestehenden zeitlich begrenzten Wettbewerbsvorteil möglichst zeitlich lange zu nutzen (vgl. Abb. 1.1).

Etablierte Unternehmen stellen im Allgemeinen den Wettbewerb um Marktanteile aufgrund der Bedeutung für das monetäre Ergebnis in den Mittelpunkt ihrer Managemententscheidungen. Der Marktanteil gilt als wesentlicher Erfolgsmaßstab für die aktuelle Stärke der unternehmerischen Performance und der erfolgreichen strategischen Positionierung im Wettbewerb (vgl. Hamel und Prahalad 1995, S. 63).

Um in diesem Marktanteilswettbewerb zukünftig weiter erfolgreich zu sein, setzen Konzerne und Mittelstandsunternehmen dann insbesondere auf die bekannten (eindimensionalen) Produkt- und Prozessinnovationen; operative Geschäftsmodellinnovationen sind insbesondere bei strategischen Neuausrichtungen von Bedeutung. Neue Produkte, neue Prozesse und/oder ein neues operatives Geschäftsmodell – der klassische Innovationswettbewerb – sollen den Erfolg im Wettbewerb um Marktanteile sicherstellen.

Bei jungen Wachstumsunternehmen geht es hingegen in erster Linie (zunächst) nur um das Erkennen und das Umsetzen von Opportunitäten. Damit steht hier aber primär der Erfolg im Chancenanteilswettbewerb im Fokus. In diesem Zusammenhang kommen bei jungen Wachstumsunternehmen in der jüngeren Vergangenheit insbesondere multidimensionale Innovationen – z. B. Lean Startup als integrierte Produkt-/Dienstleistungs- und operative Geschäftsmodellinnovationen – zum Einsatz. Gleichzeitig gilt hier dann aber auch, dass dem klassischen Marktanteilswettbewerb in dieser frühen Phase der Unternehmensentwicklung noch keine entscheidende Rolle zukommt.

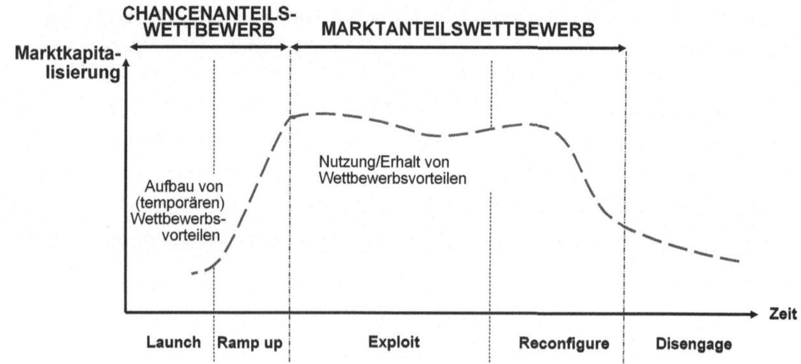

Abb. 1.1 Innovationen im Marktanteils- und Chancenanteilswettbewerb. (Eigene Abbildung)

2. **Innovationsschwerpunkte:** Die vorangestellten Ausführungen haben bereits gezeigt, dass der Wettbewerbsschwerpunkt eng mit dem Innovationswettbewerb verbunden ist. Dabei wurde bereits kurz darauf hingewiesen, dass sich junge Wachstumsunternehmen und etablierte Unternehmen auch in den Innovationsschwerpunkten unterscheiden. Dennoch soll dieser Unterschied aufgrund der Bedeutung an dieser Stelle getrennt dargestellt werden.

So fokussieren etablierte Unternehmen im Allgemeinen auf die klassischen eindimensionalen Innovationen. Dies geschieht innerhalb der Grenzen des bestehenden operativen Geschäftsmodells (vgl. Eckert 2016, S. 55 ff.). Eindimensional sind Innovationen, die sequenziell aufeinanderfolgend vorangetrieben werden. D. h., das Unternehmen treibt erst Produktinnovationen voran, danach kommen die entsprechenden Prozessinnovationen in den Blick. Dies schließt natürlich nicht aus, dass Teams bereits beginnen an beiden Innovationen – dies jedoch häufig weitgehend getrennt – zu arbeiten.

Dagegen sind multidimensionale Innovationen (z. B. Lean Startup) derzeit ein wesentliches Kennzeichen von Innovationen in jungen Wachstumsunternehmen. Als multidimensional bezeichnen wir Innovationen, die zwei oder mehrere (eindimensionale) Innovationstypen miteinander verbinden (vgl. Eckert 2016, S. 79 ff.). Lean Startup kann in dieser Sichtweise als ein Beispiel für eine multidimensionale Innovation angesehen werden[2].

---

[2]Weitere Beispiele für multidimensionale Innovationen finden sich bei Eckert (2016, S. 157 ff.).

Grundlagen und Elemente von Lean Startup in jungen Wachstumsunternehmen

2

Lean Startup gilt als Methode, um die Innovationstätigkeit in jungen Wachstumsunternehmen zu beschleunigen. Obwohl bei den Vertretern von Lean Startup die operative Geschäftsmodellinnovation im Mittelpunkt zu stehen scheint, handelt es sich in unserer Sicht um eine multidimensionale Innovation für den Chancenanteilswettbewerb, die Produkt- und operative Geschäftsmodellinnovation gleichwertig miteinander verbindet (vgl. Eckert 2016).

Obwohl Lean Startup häufig als eine neue und eigenständige Innovationsmethode dargestellt wird, muss auch für diese Methode gelten, dass sie übergeordneten Unternehmens- bzw. Innovationszielen dienen muss. Nur durch die Kenntnis dieser übergeordneten Innovationsziele ist es dann aber möglich, Lean Startup entsprechend einzuordnen, von anderen lean-basierten Innovationskonzepten (z. B. Lean Innovation, Fast Innovation) abzugrenzen und zu beurteilen (vgl. Eckert 2016). Deshalb sollen zunächst die Innovationsziele im Mittelpunkt stehen, bevor anschließend auf das grundsätzliche Vorgehen und die Elemente von Lean Startup eingegangen wird.

2.1 Innovationsziele: Differenzierung, Geschwindigkeit und Disruption

Im Allgemeinen werden wesentliche Innovationsziele bzw. Innovationsparadigmen zur Beurteilung der Innovationstätigkeit in Unternehmen genannt, die sowohl für den Marktanteils- als auch den Chancenanteilswettbewerb gelten (vgl. George et al. 2005, S. 15 ff.):

- *Differenzierung:* Im Mittelpunkt der „Differenzierung" bei Produkt- und Prozessinnovationen steht die Schaffung von neuen Nutzenkriterien für die

© Springer Fachmedien Wiesbaden GmbH 2017
R. Eckert, *Lean Startup in Konzernen und Mittelstandsunternehmen*, essentials,
DOI 10.1007/978-3-658-15775-3_2

Kunden. Diese neuen Nutzenkriterien sollen einen bezahlten Mehrwert für den Kunden schaffen und gleichzeitig einen höheren positiven Cashflow für das innovative Unternehmen realisieren. Entscheidend für den Erfolg einer Produkt- und Prozessinnovation ist es, dem Kunden Nutzenkriterien anzubieten, denen der Kunde einen Mehrwert beimisst. Nur dann entsteht ein differenziertes Produkt/eine differenzierende Dienstleistung aus der Sicht des Kunden. Dieser Gedanke kann auch auf andere Innovationsarten/-typen übertragen werden.

- *Geschwindigkeit:* Ein weiteres Innovationsparadigma ist die Innovationsgeschwindigkeit im Sinne von „speed-to-market" bzw. „time-to-market". Je schneller z. B. ein neues Produkt bzw. eine neue Dienstleistung den Markt erreicht, desto eher besteht die Möglichkeit für das Unternehmen, eine positive Produktmarge und einen positiven Cashflow zu generieren. Auch dieses Ziel ist nicht nur auf Produkt- oder Dienstleistungsinnovationen beschränkt.
- *Disruption:* Unter dem Paradigma der „Disruption" versteht man eine Innovation (z. B. Produkt- oder Prozessinnovation), die einen Bruch mit den vorhandenen Angeboten, Prozessen, Technologien, etc. darstellt. Das Produkt bzw. die Dienstleistung liefert beispielsweise vollkommen neue Nutzenkriterien oder kombiniert vorhandene Nutzenkriterien in einer vollkommen neuen Art und Weise. Damit schaffen disruptive Innovationen häufig ganz neue Märkte für Unternehmen.

> Folgt man diesen drei Innovationszielen, so lassen sich einige Schlussfolgerungen für das erfolgreiche Management von Innovationen feststellen:

1. Innovationen sind sowohl im Marktanteils- als auch im Chancenanteilswettbewerb die entscheidenden Treiber. Während im Marktanteilswettbewerb jedoch der Fokus auf den klassischen (eindimensionalen) Produkt-, Prozess- und operativen Geschäftsmodellinnovationen liegt, geht es im Chancenanteilswettbewerb um sogenannte integrierte, d. h. multidimensionale, Innovationen.
2. Im klassischen Marktanteilswettbewerb dienen die eindimensionalen Innovationen insbesondere dem Ausbau des eigenen Marktanteils. Im Chancenanteilswettbewerb sollen durch multidimensionale Innovationen neue Opportunitäten identifiziert und zur Marktreife (Marktanteilswettbewerb) entwickelt werden (siehe später auch Abschn. 4.2).

3. Etablierte Unternehmen sind im Allgemeinen – aufgrund der finanziellen Bedeutung für das etablierte Unternehmen – auf einen Erfolg im klassischen Marktanteilswettbewerb ausgerichtet, junge Wachstumsunternehmen fokussieren auf den Chancenanteilswettbewerb.

4. Im Chancenanteilswettbewerb muss ein Unternehmen auch auf die drei bekannten Innovationsziele – Differenzierung, Geschwindigkeit und Disruption – fokussieren, um die notwendige Grundlage für den Erfolg im (anschließenden) Marktanteilswettbewerb zu schaffen. Aufgrund der Unsicherheiten, ob die Differenzierung und/oder die Disruption gelingen wird, steht häufig die Geschwindigkeit bestimmend im Fokus.

5. Die Geschwindigkeit kann durch das schnelle Lernen von den (potenziellen) Kunden erhöht werden. Nur dann kann auch schnell sichergestellt werden, dass nicht an den zukünftigen Kunden vorbei entwickelt wird.

6. Gleichzeitig müssen auch die internen Lernzyklen weiter beschleunigt werden, d. h. es muss die Zeitdauer reduziert werden, die ein Unternehmen benötigt, um aus den Kundenrückmeldungen zu lernen. Durch die Reduzierung der internen Lernzyklen kann zudem eine deutliche höhere Geschwindigkeit bis zur Markteinführung des Produkts (Marktanteilswettbewerb) erzielt werden, was im Allgemeinen wiederum die Realisierung höherer Margen unterstützt.

2.2   Lean Startup als multidimensionale Produkt- und operative Geschäftsmodellinnovation

Es wird deutlich, dass das Lean-Startup-Konzept Produkt- und (operative) Geschäftsmodellinnovation – wenn auch häufig nicht explizit genannt – miteinander integriert und verknüpft. Im Zusammenhang mit der Produktentwicklung wird dabei regelmäßig geprüft, wie das operative Geschäftsmodell (z. B. Kundenkanäle, Partner) gestaltet oder verändert werden muss. Dies scheint die wesentliche Besonderheit von Lean Startup zu sein, da es bereits vorher leanbasierte Innovationsmethoden (z. B. Lean Innovation, Fast Innovation) gab.

Das Lean Startup verbindet somit zwei bisher getrennte Innovationsschwerpunkte im Rahmen einer multidimensionalen Innovation miteinander. Die multidimensionalen Innovationen, das zeigt Eckert (2016), werden zukünftig zu einem wesentlichen Treiber des Unternehmenserfolgs (im Chancenanteilswettbewerb) werden (vgl. Abb. 2.1).

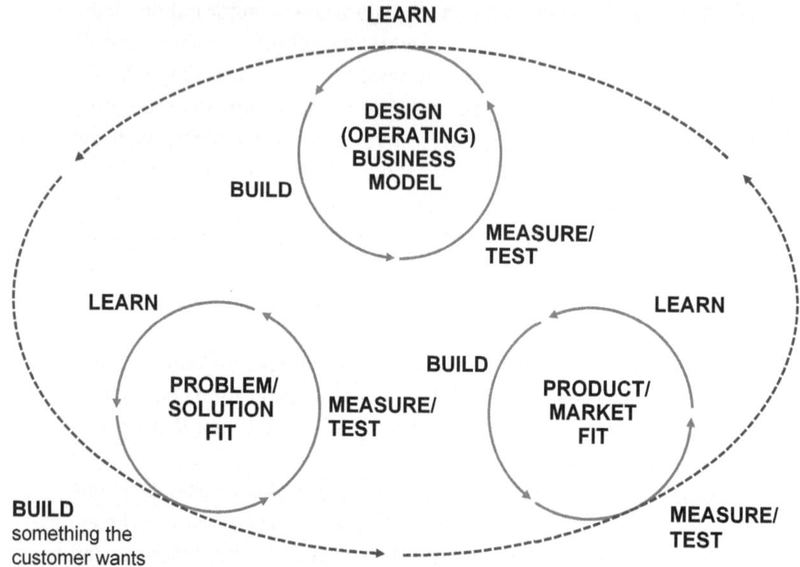

Abb. 2.1 Lean Startup als iterativer Prozess. (Eigene Abbildung)

Lean Startup ist ein lernorientierter Innovationsansatz, dessen Vorgehen die Geschwindigkeit erhöhen und das Risiko des Scheiterns minimieren soll. Die Aufgabe von Lean Startup ist es, Produkt- und Dienstleistungsinnovationen voranzutreiben und gleichzeitig das notwendige operative Geschäftsmodell (z. B. Kundenzugänge, Partnernetzwerke) zu entwickeln, welches zum erfolgreichen Marktangang benötigt wird.

Am Anfang des Prozesses stehen – noch vor der ersten Produktentwicklung – erste Hypothesen zu den vermuteten Kundenproblemen bzw. den vermuteten Kundenbedürfnissen („job-to-be-done"), die das zu entwickelnde Produkt[1] befriedigen soll. Das Verstehen des Problems erfolgt auf der Grundlage von Kundenbeobachtungen, von Kundeninterviews, etc.

Darauf aufbauend werden erste Lösungsansätze für das identifizierte Kundenproblem erarbeitet (Problem-Solution Fit), welche wiederum in enger

---

[1]Im Folgenden wird aus Lesbarkeitsgründen häufig nur noch vom „Produkt" gesprochen. Dennoch gelten die Aussagen auch für „Dienstleistungen".

Abstimmung mit dem Kunden plausibilisiert werden. Erst nach einem gemeinsamen Verständnis zum Problem und zum Lösungsansatz startet die eigentliche Produktentwicklung mit einer abgeleiteten Produktvision.

Diese Produktvision dient der Herstellung von reduzierten Produkt-Prototypen, den „Minimum Viable Products" (MVP). Ein MVP beinhaltet nur die aktuell zu prüfenden wesentlichen Merkmale des späteren Produkts. Verschiedene Prototypen stehen somit am Anfang einer zyklischen Entwicklung, innerhalb derer die MVPs kontinuierlich (weiter-)entwickelt, evaluiert und verbessert werden.

Bei den Tests und Evaluierungen des MVPs muss es nicht nur um die direkten Produktmerkmale gehen. Auch Preisgestaltung, Vertriebs- und Absatzkanäle sowie Marketingansätze und damit die Elemente des operativen Geschäftsmodells können diskutiert werden. Aufgrund der Bewertungen und gemessenen Bedürfniserfüllungen werden Veränderungen und Verbesserungen vorgenommen. Diese werden wiederum getestet, bis am Schluss einer mehrmaligen Feedbackschleife das marktfähige Produkt und das operative Geschäftsmodell für den Marktangang stehen.

Dieses Vorgehen stellt einen radikalen Bruch zur herkömmlichen Produktentwicklung (im Marktanteilswettbewerb) dar, die häufig in linearen Phasen verläuft. Das Kundenfeedback erfolgt hier dann erst in einer relativ späten Phase. Ein notwendiges operatives Geschäftsmodell wird häufig erst im Anschluss entwickelt und umgesetzt.

Zusammenfassend bleibt festzuhalten, dass in der Mehrzahl der Vorgangsbeschreibungen von Lean Startup das operative Geschäftsmodell (z. B. Business Model Canvas oder auch in unserem Verständnis „erweiterter Business Model Prototype") im Mittelpunkt steht. Die Produkt- oder Dienstleistungsinnovation wird häufig als integraler Bestandteil dieser operativen Geschäftsmodellinnovationen – als Ausdruck des zu erzeugenden Kundennutzens – angesehen.

2.3 Bausteine des Lean-Startup-Konzepts

Das Lean-Startup-Konzept lässt sich als Innovationsmethode anhand der genannten drei Innovationsparadigmen beschreiben. So hält Blank (2013, S. 22), einer der Wegbereiter von Lean Startup fest, dass junge Wachstumsunternehmen (zukünftig) auf die Entwicklung von Businessplänen verzichten und stattdessen direkt und regelmäßig mit potenziellen Kunden in Kontakt („Differenzierung") treten sollen. Aus den Kundenfeedbacks („Lernen vom Kunden") werden minimalistische Prototypen erstellt, die in einem iterativen Prozess Schritt für Schritt zu einem marktfähigen Endprodukt („beschleunigte interne Lernzyklen") weiterentwickelt werden. Mit dieser Aussage verdeutlicht Blank, dass Lean Startup alle drei Innovationsparadigmen im Fokus hat.

Die konkrete Umsetzung der genannten Innovationsparadigmen erfolgt im Lean Startup mit Hilfe von drei Elementen (vgl. z. B. Blank 2006, 2013, 2013a): Customer Development, Agile Methoden und Lean Thinking. Dabei fokussieren Customer Development, Agile Methoden und Lean Thinking auf die Produkt- bzw. Dienstleistungsebene. Durch diese Methodenteile soll die Entwicklung innovativer Produkte und Dienstleistungen unterstützt werden.

Als weiteres Kernelement im Lean Startup wird die „operative Geschäftsmodellinnovation" angesehen. Im Mittelpunkt dieser operativen Geschäftsmodellinnovation steht dann häufig das operative Geschäftsmodellkonzept von Osterwalder und Pigneur („Business Model Canvas[2]"; vgl. Osterwalder und Pigneur 2010, 2011).

Die ganzheitliche Umsetzung der genannten Innovationsparadigmen erfolgt im Lean Startup somit auf der Grundlage von letztendlich vier Elementen, die nachfolgend genauer beschrieben werden sollen. Dabei zeigt sich, dass die genannten Begriffe häufig bereits in der Unternehmenspraxis bekannt und grundsätzlich oft nicht neu sind. Diese Aussage stimmt jedoch häufig nicht für die inhaltliche Ausgestaltung der Begriffe.

Fokus Differenzierung & Disruption: Customer Development
Unter „Customer Development" versteht man die frühe Integration des potenziellen Kunden in den Produkt- und operativen Geschäftsmodellentwicklungsprozessen. Der Fokus auf den Kunden ist im Rahmen der Produktentwicklung grundsätzlich nicht neu (vgl. Eckert 1996, S. 185 ff.). Auch die Notwendigkeit einer zunehmenden Produktdifferenzierung durch Innovationen ist unbestritten. Nur differenzierte Produktangebote führen zu entsprechenden Margen und Renditen, die die operativen Kosten decken. Dabei bezieht sich die Kundenorientierung/Differenzierung jedoch nicht nur auf Produkte, sondern auch auf Prozesse. Wenn die Produkte keine Differenzierungsmöglichkeiten bieten, bleiben nur die Möglichkeiten einer Differenzierung in den Prozessen und/oder im operativen Geschäftsmodell.

Zusätzlich zeigt sich aber auch, dass die Mehrzahl der Unternehmen auch in der Vergangenheit bereits davon ausging, dass sie die Entwicklungsaktivitäten auf die sogenannte „Stimme des Kunden" („Voice of the Customer") ausrichten

---

[2]Das klassische „Business Model Canvas"-Modell stellt eine bildhafte und umfassende Beschreibung der Elemente eines operativen Geschäftsmodells dar.

müssen. Betrachtet man diese Aussage genauer, dann ergibt sich häufig das Bild, dass in der Mehrzahl Kundenumfragen/-befragungen, Ideas-Meetings, Produkttests und formale Beobachtungen der Kunden im Mittelpunkt stehen (vgl. George et al. 2005, S. 36 f.).

Im Detail zeigen sich jedoch die Unterschiede zwischen dieser bekannten und allgemeinen Kundenorientierung und dem Customer Development: So werden klassische Kundenbefragungen häufig nur ein- oder zweimal im Jahr durchgeführt werden. Klassische Produkttests setzen ein weitgehend funktionsfähiges Produkt voraus. Die Einbindung des Kunden erfolgt deshalb häufig erst in einem späteren Beta-Stadium. Damit besteht aber eine vergleichsweise hohe Gefahr, dass die Produkterwartungen und -bedürfnisse des Kunden nicht oder nicht mehr vollständig erfüllt werden können. Insgesamt lässt sich im Zusammenhang mit den genannten Methoden zudem festhalten, dass „customers can't articulate everything they'd like in a product or service" (vgl. George et al. 2005, S. 37). Zusätzlich hat sich in der Vergangenheit gezeigt, dass die klassischen Vorgehensweisen nur selten zu disruptiven Produkt- oder Prozessinnovationen führen werden.

Im Lean Startup wird „Customer Development" und damit Kundenorientierung anders interpretiert. Hier beschreibt das „Customer Development" ein iteratives Vorgehen, bei dem der Kunde von Beginn an und regelmäßig in den Produkt- und operativen Geschäftsmodellentwicklungsprozess integriert ist.

So wird bereits im Customer Discovery, dem ersten Abschnitt des Customer Development mit Hilfe von Kundeninterviews versucht, zunächst die tatsächlichen Kundenprobleme („jobs-to-be done") zu identifizieren, die sich zu lösen lohnen. Der Fokus verlagert sich von den (schwer artikulierbaren) Bedürfnissen auf die Kundenprobleme. Die Kernfragen können hier dann u. a. sein: Welche Probleme hat der Kunde wirklich? Welche Probleme möchte der Kunde tatsächlich gelöst haben? Es geht somit nicht darum, welche Problemlösungen der Kunde haben möchte, sondern für welche Probleme er zu zahlen bereit ist. Aus diesen Problemen werden erste Lösungshypothesen abgeleitet und validiert.

In der darauffolgenden Phase der Customer Validation werden die ersten Produkthypothesen in Verbindung mit frühen Prototypen mit dem Kunden zusammen entwickelt und getestet. Die Prototypen decken nur ab, was als Problemhypothese gerade plausibilisiert werden soll und ist somit nur sehr eingeschränkt oder gar nicht funktionstüchtig („Minimum Viable Product"). Durch die direkten Prototypen-/Produkterfahrungen der Kunden entstehen kontinuierliche Rückmeldungen der Kunden. Findet sich (noch) keine tragfähige Lösung, erfolgt erneut die Phase des Customer Discovery, allerdings mit einem Kurswechsel („Pivot") und damit mit überarbeiteten Produkthypothesen. Hat sich hingegen ein tragfähiges Produktkonzept im Rahmen von Customer Discovery und Customer Validation ergeben, geht dieser iterativer Teilprozess in die Phase „Customer Creation" über, und es wird ein skalierbares und tragfähiges Produktkonzept ausgearbeitet.

Diese Vorgehensweise stellt den sogenannten „Build-Measure-Learn Feedback Loop" (auch BML Feedback Loop) im Lean-Startup-Konzept dar. Aus einer ersten Idee werden erste Hypothesen abgeleitet, die anhand eines frühen Prototyps getestet werden. Hierbei werden die entsprechenden Kundenfeedbacks quantitativ und qualitativ ermittelt. In der Learn-Phase werden die Ergebnisse ausgewertet und die Hypothesen sukzessive angepasst.

Fokus Geschwindigkeit: Agile Methoden

Lean Startup zeichnet sich durch eine umfassende Nutzung von sogenannten „agilen Methoden" aus, die ihren Ursprung in der Softwareentwicklung haben. Durch die Nutzung von agilen Methoden sollen insbesondere die (zeitlichen) Nachteile eines linearen Entwicklungsprozesses beseitigt werden.

Die ursprünglichen Erfahrungen aus der Anwendung von agilen Methoden stammen aus der klassischen Softwareentwicklung. In der klassischen Softwareentwicklung wurde der Kunde im Allgemeinen zu Beginn des Entwicklungsprozesses nach den Anforderungen befragt. Nach dieser ersten Aufnahme der Anforderungen wurde der Kunde dann erst wieder sehr spät in den Entwicklungsprozess aktiv eingebunden.

Dies führte zum einen dazu, dass während der Softwareentwicklung das Vorgehen penibel dokumentiert werden musste. Es ging somit auch teilweise um eine Absicherung im Entwicklungsprozess. Diese Nachweispflicht führte jedoch zu einem hohen bürokratischen Dokumentationsaufwand. Nach der (Wieder-) Einbindung des Kunden verursachten dessen (nachträgliche) Änderungswünsche dann eine Vielzahl von Anpassungen, die dann wiederum sowohl zu Zeit- als auch zu Kostenproblemen führten. Durch die Anwendung der agilen Methoden sollen somit zum einen die Geschwindigkeit des allgemeinen Entwicklungsprozesses erhöht, zum anderen die Kostenbelastung durch nachträgliche Änderungen vermindert werden.

Fokus Geschwindigkeit (durch Vermeidung von Verschwendung): Lean Thinking

Der Begriff des „Lean Thinking" wird häufig als Oberbegriff für die bekannten Lean-Ansätze (z. B. Lean Production, Lean Management), die sich wiederum durch die Anwendung der bekannten Lean-Methoden (z. B. Lean Six Sigma) auszeichnen. Bekannt wurden die Grundsätze des Lean Thinking insbesondere im Produktionsbereich durch das Toyota Production System (TPS).

Im Mittelpunkt der Lean-Methoden steht die Vermeidung von Ressourcenverschwendung in den einzelnen Prozessen und Aktivitäten eines Unternehmens. Alle Aktivitäten, die nicht wertschöpfend sind, werden reduziert oder eliminiert. Durch die Optimierung der Prozessabläufe sollen unnötige Arbeitsschritte und auch unnötige Wartezeiten zwischen den Arbeitsschritten vermieden werden. Bei der Beurteilung der Aktivitäten steht auch hier zusätzlich immer die Kundenorientierung im Mittelpunkt. Übertragen auf Lean Startup bedeutet dies, dass der Zeit- und Ressourcenaufwand insbesondere bei der Prototypenentwicklung reduziert werden muss.

So stehen im Rahmen des iterativen Lean-Startup-Prozesses nur die zu prüfenden Funktionalitäten im Mittelpunkt. Der jeweilige Prototyp soll dazu beitragen, bei den befragten Kunden einen authentischen Eindruck über die Funktionalität zu erhalten.

Um zeitliche Hindernisse im Lean Prototyping gleichzeitig zu vermindern, muss der Entscheidungsprozess beschleunigt werden. Dies bedeutet, dass die Entscheidungen über beispielsweise das weitere Vorgehen, die Schlussfolgerungen aus den Minimum Viable Products oder die Erkenntnis über andere Kundenpräferenzen im Projektteam erfolgen muss. Die Genehmigungsinstanz muss somit weitgehend in das Projekt selbst verlagert werden.

Zusammenfassend kann man somit festhalten, dass sich die Vermeidung von Leerzeiten und Ressourcen im Lean Startup insbesondere daran zeigt, dass nicht der technisch beste Prototyp in der aktuellen Projektphase erstellt wird, sondern lediglich der (notwendige) Prototyp, der für eine nächste Interaktion mit den potenziellen Kunden und für ein notwendiges Kundenfeedback notwendig ist. Zudem ist es – dies gilt dann insbesondere später im Zusammenhang mit etablierten Unternehmen – entscheidend, dass die Entscheidungsroutinen im Unternehmen an das Konzept angepasst werden.

Fokus Differenzierung: Operatives Geschäftsmodell („Business Model Canvas")
Mit den „Business Model Canvas" werden die genannten produktorientierten Überlegungen im Lean Startup Konzept mit der notwendigen Gestaltung eines operativen Geschäftsmodells verbunden. Das Business-Model-Canvas-Modell (z. B. Osterwalder und Pigneur 2010, 2011) stellt somit die Methode dar, um parallel zur Produktinnovation auch die notwendige Innovation des operativen

Geschäftsmodells („Company Building") voranzutreiben (vgl. Abb. 2.1). Dabei beschreibt ein operatives Geschäftsmodell „das Grundprinzip, nach dem eine Organisation Werte schafft, vermittelt und erfasst" (Osterwalder und Pigneur 2011, S. 18).

Durch die Verbindung zum operativen Geschäftsmodell wird sichergestellt, dass ein schneller Marktangang des neuen Produkts nicht daran scheitert, dass kein entsprechendes Geschäftsmodell bzw. eine entsprechende Geschäftslogik vorhanden ist. Dies ist jedoch für junge Wachstumsunternehmen entscheidend, da hier im Allgemeinen noch kein finales Organisationsmodell ausgebildet ist, welches den Marktangang unterstützt. Auch für etablierte Unternehmen wird diese Vorgehensweise aber entscheidend werden, um die Grenzen des bestehenden Organisationsmodells – sofern notwendig – zu verändern.

Im Zusammenhang mit dem Lean Startup wird für das „Company Building" häufig der operative Geschäftsmodellansatz von Osterwalder und Pigneur (2010, 2011) verwendet. Grundsätzlich kann jedoch jeder systematische Geschäftsmodellansatz verwendet werden.

Der operative Geschäftsmodellansatz von Osterwalder und Pigneur (2011, S. 20 ff.) basiert auf neun Bausteine, die ein operatives Geschäftsmodell nach diesen Autoren beschreiben. Diese neun Bausteine dienen somit als Grundlage zur Ausgestaltung des operativen Geschäftsmodells eines Unternehmens (vgl. Abb. 2.2).

Schlüsselpartner	Schlüsselaktivitäten	Wertangebote	Kundenbeziehungen	Kundensegmente
… beschreibt das Netzwerk von Lieferanten und Partnern, die zum Gelingen des Geschäftsmodells beitragen	… beschreibt die wichtigsten Dinge, die ein Unternehmen tun muss, damit sein Geschäftsmodell funktioniert	… stellt das Paket an Produkten und Dienstleistungen dar, die für ein bestimmtes Kundensegment Wert schöpft	… beschreibt die Arten von Beziehungen, die ein Unternehmen mit bestimmten Kundensegmenten eingeht	… sind Gruppen von Personen oder Organisationen, die ein Unternehmen erreichen oder bedienen will
	Schlüsselressourcen		**Kanäle**	
	… beschreibt die wichtigsten Wirtschaftsgüter, die für das Funktionieren eines Geschäftsmodells notwendig sind		… sind die Beschreibung, wie ein Unternehmen seine Kundensegmente erreicht und anspricht	

Kostenstruktur	Einnahmequellen
… beschreibt alle Kosten, die bei der Ausführung eines Geschäftsmodells anfallen	… steht für die Einkünfte, die ein Unternehmen aus jedem Kundensegment bezieht (Umsatz minus Kosten gleich Gewinn)

Abb. 2.2 Business Model Canvas. (Abbildung in Anlehnung an Eckert 2014, S. 72)

In diesem Zusammenhang sei erwähnt, dass auch andere operative Geschäftsmodellansätze in das Lean-Startup-Konzept eingebunden werden können[3]. Hier bietet sich insbesondere auch der „erweiterte Business Model Prototype-Ansatz" von Eckert (2016, S. 180 ff.) an, der einige Nachteile der bestehenden operativen Geschäftsmodellansätze (u. a. keine Verbindung zum strategischen Geschäftsmodell, welches im Hyperwettbewerb an Bedeutung gewinnt) beseitigt.

---

[3]Zu den weiteren Details des operativen Geschäftsmodellansatzes von Osterwalder und Pigneur sei auf Eckert (2014) verwiesen, bei dem der Geschäftsmodellansatz von Osterwalder und Pigneur mit anderen strategischen und operativen Geschäftsmodellansätzen verglichen wird.

Lean Startup in Konzernen und Mittelstandsunternehmen: Ergebnisse einer Expertenbefragung

3

Die Entwicklung des Lean-Startup-Konzepts erfolgte im Umfeld und im Kontext von jungen Wachstumsunternehmen. Diese unterscheiden sich jedoch in wesentlichen Ausprägungen deutlich von etablierten Unternehmen. In diesem Zusammenhang wurde im ersten Abschnitt aufgezeigt, dass zwei bestimmende Unterschiede zwischen jungen Wachstumsunternehmen und etablierten Unternehmen bestehen (siehe auch Kap. 1).

Diese Unterschiede lassen jedoch erwarten, dass das Lean Startup nicht unverändert in Konzernen und Mittelstandsunternehmen zum Einsatz kommen kann. Es werden Anpassungen notwendig sein. Vor diesem Hintergrund wurde in der zweiten Hälfte des Jahres 2015 eine explorative Studie mit ausgewählten Experten durchgeführt, um den Status quo sowie die Probleme und Erfahrungen des Einsatzes von Lean Startup in etablierten Unternehmen festzustellen[1].

Als Experte wurde hierbei klassifiziert, wer spezielles Wissen über Lean Startup aufgrund der eigenen beruflichen Tätigkeit hat. In diesem Zusammenhang wurden zum einen Experten ausgewählt, die die Implementierung von Lean Startup als Dienstleistung anbieten. Zum anderen wurden auch Experten befragt, die in Konzernen Erfahrungen in der Anwendung von Lean Startup vorweisen können.

Im Folgenden sollen die Ergebnisse der Experteninterviews nach ausgewählten Schwerpunkten dargestellt werden. Falls notwendig werden in den einzelnen

---

[1]Im Zusammenhang mit der Expertenbefragung sei einem meiner ehemaligen Studierenden, Herrn Erdem, ausdrücklich gedankt. Herr Erdem hat die zugrunde liegende Befragung im Rahmen seiner Abschlussarbeit, die vom Autor aktiv betreut wurde, durchgeführt.

© Springer Fachmedien Wiesbaden GmbH 2017   17
R. Eckert, *Lean Startup in Konzernen und Mittelstandsunternehmen*, essentials,
DOI 10.1007/978-3-658-15775-3_3

Abschnitten auch notwendige theoretische Grundlagen kurz dargestellt, um dem Leser die Einordnung der Ergebnisse der Expertenbefragung zu ermöglichen bzw. zu erleichtern. In diesem Zusammenhang wird jedoch keine umfassende und grundlegende theoretische Aufbereitung angestrebt.

3.1   Innovationsziele

An früherer Stelle wurde auf die drei wesentlichen Innovationsziele (auch Innovationsparadigmen) Bezug genommen. Demnach geht es bei Innovationen insbesondere um das schnelle Gestalten („Geschwindigkeit") differenzierender („Differenzierung") und möglichst disruptiver („Disruption") Produkte, Prozesse und auch operativer Geschäftsmodelle.

Im Zusammenhang mit Lean Startup sind sich die Experten einig, dass der Einsatz von Lean Startup als Methode zur integrierten Produkt- und Geschäftsmodellinnovation in etablierten Unternehmen auch zu einer Beschleunigung der Innovationsaktivitäten („Geschwindigkeit") führen wird. Schon alleine das (minimalisierte) Prototyping („minimum viable products" und „minimum viable business models") im Lean Startup in Verbindung mit dem Build-Measure-Learn-Feedback Loop sollte zu dieser Beschleunigung beitragen.

Gleichzeitig gehen die Experten davon aus, dass Lean Startup zu einer zunehmend kundenorientierten Produkt- und Geschäftsmodellentwicklung führen wird („Differenzierung"). Der (potenzielle) Kunde wird von Beginn an in den Innovationsprozess aktiv eingebunden. Das geht jedoch über die Vorgehensweise einer klassischen Kundenbefragung oder Ähnliches hinaus.

Zusätzlich stellten die Experten auch fest, dass der Einsatz von Lean Startup als Kombination von Produkt- und operativer Geschäftsmodellinnovation in etablierten Unternehmen insbesondere dann anbietet, wenn die „Reduzierung von Unsicherheiten" erfolgsentscheidend ist. Es geht somit dann nicht um eine inkrementelle Weiterentwicklung von Produkten, sondern um die Entwicklung von disruptiven Produktalternativen. Ganz in diesem Sinn betont ein Experte in diesem Zusammenhang auch, „je mehr Evidenz ich habe, desto weniger ist Lean Startup im Prinzip gefragt".

In einer weiteren ähnlichen Aussage betont ein Experte, dass sich Lean Startup als Methode insbesondere dann anbietet, wenn man „noch keinen Plan hat". Man weiß z. B. noch nicht, wie das neue operative Geschäftsmodell funktionieren soll. In diesen Fällen bietet Lean Startup eine strukturierte Vorgehensweise, um die Unsicherheit im Rahmen eines iterativen Prozesses zu reduzieren.

▶ **Lessons Learned** Zusammenfassend stimmen die Experten darin
überein, dass die Innovationsaktivitäten in etablierten Unternehmen
mit der Hilfe von Lean Startup somit kundenorientierter sowie zeit-
und ressourcensparender gestaltet werden kann. Um das Potenzial
von Lean Startup jedoch nutzen zu können, müssen bisherige Sichtweisen in etablierte Unternehmen (z. B. Kundenorientierung) an die
Besonderheiten des Lean Startups angepasst werden. Zusätzlich stellten die Experten auch fest, dass insbesondere die iterative Reduzierung von Unsicherheiten im Innovationsprozess eine Stärke von Lean
Startup darstellt.

3.2 Innovationsschwerpunkte

Im Zusammenhang mit einem möglichen Einsatz von Lean Startup in Konzernen
und Mittelstandsunternehmen stellt sich auch die Frage, ob die Methode eher für
kerngeschäftsnahe oder kerngeschäftsferne Produkt- und operative Geschäftsmodellinnovationen geeignet erscheint.

Dabei stellt ein Experte in diesem Zusammenhang explizit mit Fokus auf
das eigene Unternehmen – einem etablierten deutschen Konzern – fest, dass das
Lean Startup hier zum Einsatz kommt, wenn „kerngeschäftsferne Gesellschaften"
gegründet werden sollen. Ein weiterer Experte betont ebenfalls den Fokus auf die
„Erschließung von neuen Geschäftsfeldern". Für diesen Zweck wäre Lean Startup
durch die Integration von Produkt- und operativer Geschäftsmodellinnovation
grundsätzlich prädestiniert. Gleichzeitig stellt er jedoch fest, dass in den Anwen-
dungsfällen dann aber auch die Geschwindigkeit von Bedeutung sein muss. Dies
bedeutet, dass man davon ausgehen muss, dass das „windows of opportunity"
eben nur eingeschränkt offen sein wird.

Zusätzlich stellen die Experten fest, dass sich der Einsatz von Lean Startup
sowohl für inkrementelle als auch für disruptive Innovationsvorhaben eignet. Ein
weiterer Experte unterstützt diese Aussage, betont aber auch, dass die Stärken
eigentlich erst bei disruptiven Innovationen im eigenen Unternehmens- und Branchenkontext zum Tragen kämen.

Im Zusammenhang mit einem Einsatz von Lean Startup in etablierten Unternehmen scheint auch ein weitestgehender Konsens darüber zu bestehen, dass
insbesondere Innovationen im Softwarebereich für einen Einsatz der Lean-
Startup-Methode besonders geeignet erscheinen. Damit gewinnt jedoch ein Inno-
vationsfokus an Bedeutung, der auch für Unternehmen außerhalb der eigentlichen

IT-Industrie durch das Internet of Things (IoT) oder auch durch die Industrie 4.0, zunehmend wichtig wird.

Für den Softwarebereich als wesentliches Anwendungsfeld spricht, dass hier Geschäftsmodelle auf der Grundlage von „intangible assets" entstehen. Hier können Prototypen schneller und häufiger getestet werden. Betrachtet man hier dann ergänzend einige bekannte Praxisbeispiele (z. B. Online-Plattform bei Car2Go, Industrie-Online-Bestellplattform bei Klöckner & Co. SE, mobile Ferndiagnose bei vernetzten Fahrzeugen bei T-Mobile), so scheint sich diese Aussage zu bestätigen.

In einem ähnlichen Zusammenhang betont ein Experte ergänzend, dass ein neues Flugzeugmodell eben weniger mit kreativen und nicht-linearen Lean-Startup-Methoden entwickelt werden kann und Lean Startup somit eher für den „E-Commerce-Bereich" und/oder für „Consumer Products" interessant erscheint. Ein weiterer Experte betont dann auch, dass Lean Startup nicht immer in den B2B-Bereich zu passen scheint.

Ein weiterer Experte verdeutlich diese Sichtweise mit einem Beispiel aus der Automobilindustrie, wenn er festhält, dass man bei einem Auto „nicht mal zwei Wochen in eine Richtung entwickeln und probieren" kann, „wie das Auto fährt, um dann in den nächsten zwei Wochen wieder in eine andere Richtung zu entwickeln". Mit einer zunehmenden technischen Komplexität und mit zunehmend „greifbaren Produkten" („tangible Produkte"), desto mehr sind die Einsatzmöglichkeiten von Lean Startup scheinbar zunehmend begrenzt.

▶ **Lessons Learned** In Bezug auf die Innovationsschwerpunkte halten die Experten fest, dass sich Lean Startup insbesondere für intangible Produkte (z. B. Software) eignet. Demgegenüber besteht Einigkeit, dass die Anwendung von Lean Startup bei komplexen und tangiblen Produkten schwieriger sein wird. Zusätzlich scheint sich auch zunehmend zu zeigen, dass Lean Startup als Methode insbesondere geeignet ist, wenn disruptive Produkt- und operative Geschäftsmodellinnovationen im eigenen Unternehmens- und Branchenkontext angestrebt werden.

3.3 Autonomie als Voraussetzung

Nach Kotter (2012) benötigt ein etabliertes Unternehmen „zwei Betriebssysteme". In einem Teil des Unternehmens geht es um Ausführung und Effizienz, in einem anderen Teil geht es um neue Produkte und dem Aufbau neuer Unternehmensteile und Geschäftsbereiche. Dieser Gedanke scheint sich durchaus auch bei in den

Experteninterviews wiederzufinden. So spricht ein Experte in diesem Zusammenhang dann auch von der Notwendigkeit eines „bipolaren Unternehmens".

Die Kraft der zwei Systeme

Nach Kotter benötigt ein etabliertes Unternehmen „in Zeiten ständiger Turbulenzen und Disruption" (Kotter 2012, S. 24) neben den traditionellen Hierarchien und Prozessen ein völlig neues Betriebssystem (vgl. Kotter 2012, S. 24).

Wenn die Organisation weitestgehend auf Effizienz ausgerichtet ist, fehlt im Allgemeinen eine „strategische Agilität". Bei der strategischen Agilität geht es darum, „potenzielle Gefahren und Gelegenheiten zu identifizieren, schlagkräftig kreative strategische Initiativen zu formulieren und diese mit hohem Tempo umzusetzen" (Kotter 2012, S. 24). Reeves et al. (2016, S. 52) schreiben in diesem Zusammenhang, dass Agilität gleichbedeutend ist mit einer „schnellen Reaktion auf Veränderungen". Gleichzeitigen betonen Reeves et al. in diesem Zusammenhang, dass Agilität eng mit „Anpassung" und „Ambidextrie/Beidhändigkeit" verbunden ist. Anpassung steht im Kontext mit dem „Lernen über Versuch und Irrtum"; Ambidextrie/Beidhändigkeit bezeichnet die Fähigkeit, „ein ausgewogenes Verhältnis zwischen dem Experimentieren mit Neuem und der Verwertung von Bestehendem zu erreichen".

Diese Darstellung verdeutlicht zum einen, dass Lean Startup in einem ersten Schritt insbesondere zur Verbesserung der strategischen Agilität in einem etablierten Unternehmen beitragen kann. Dieser Fokus muss bei der Betrachtung der Expertenaussagen berücksichtigt werden.

Unter Bezug auf Eckert (2016, S. 157 ff.) kann man auch feststellen, dass Lean Startup, wie auch andere multidimensionale Innovationen, insbesondere ein Mittel für den Chancenanteilswettbewerb ist. Der Chancenanteilswettbewerb steht bei Eckert als Synonym für die zunehmend notwendige Suche nach neuen Chancen und Opportunitäten. Dem Chancenanteilswettbewerb gegenübergestellt ist der klassische Marktanteilswettbewerb, bei dem ein Unternehmen eher die operative Performanceverbesserung im Blick hat (siehe auch Kap. 1).

Das Konzept des Lean Startups wird von den Experten als geeignete Methode zur Schaffung und Gestaltung von Produkt- und Dienstleistungsinnovationen in etablierten Unternehmen angesehen. Bezug nehmend auf Kotter geht es dann insbesondere um den Auf- und Ausbau von strategischer Agilität im etablierten Unternehmen.

In diesem Sinne stellt eine Mehrzahl von Experten fest, dass der Einsatz von Lean Startup in konzerneigenen multidisziplinaren Innovationsteams außerhalb der bestehenden Organisations- bzw. Konzernstrukturen erfolgen soll. Dies wird insbesondere damit begründet, dass nur so sichergestellt werden kann, dass die notwendigen Freiheiten bei der Anwendung dieser neuen Methode bestehen.

Nur außerhalb der bestehenden Strukturen kann das notwendige autonome Handeln im Lean Startup, welches die Grundlage für das eigenständige

Experimentieren ist, gewährleistet werden. Die angestrebte Autonomie muss dann aber auch mit einer entsprechenden festen Zuordnung von Ressourcen (z. B. Kapital, Projektmitarbeiter) verbunden werden.

Ein Experte betont in diesem Zusammenhang auch, dass nur durch diese Autonomie sichergestellt werden kann, dass diese Lean-Startup-Unternehmensteams wie „richtige Startups" agieren können. Aus der übergeordneten Konzernsicht könnte man aber auch noch ergänzen, dass nur die Autonomie sicherstellt, dass die Teams sich auf die Steigerung der strategischen Agilität fokussieren können und nicht gegen die etablierten Einheiten um Ressourcen kämpfen müssen.

Im Zusammenhang mit der organisatorischen Trennung der Lean-Startup-Einheiten vom Kerngeschäft bzw. den etablierten Einheiten betonen die Experten dann auch die Notwendigkeit veränderter Vergütungsmodelle für diese Mitarbeiter. Hier geht es dann auch um die Honorierung von Unternehmertum. Insbesondere werden z. B. Beteiligungen an den Projektergebnissen vorgeschlagen, um das Unternehmertum zu fördern. Zudem wird im Zusammenhang mit den unternehmerischen Eigenschaften dann ergänzend betont, dass insbesondere Mitarbeiter mit unternehmerischen Erfahrungen – idealerweise vertraut mit Lean Startup im Umfeld junger Wachstumsunternehmen – für diese Aufgabe geeignet erscheinen.

▶   **Lessons Learned** Zusammenfassend zeigt sich, dass Lean Startup in der Meinung der Experten außerhalb der etablierten Unternehmensstrukturen vorangetrieben werden sollte. Diese Erkenntnis konnte man durchaus auch bereits aus der frühen Organisationsforschung ableiten, wonach Einheiten in verschiedenen Unternehmenssituation/Lebenszyklen getrennt sein müssen. Schon alleine die Auswahl der richtigen Kennzahlen für die Steuerung macht dies nachvollziehbar (vgl. vertiefend z. B. Gomez et al. 2007, S. 113 ff.). In der Praxis wird man entscheiden müssen, ob das getrennte Arbeiten in kompletter räumlicher Trennung oder in einer Parallelorganisation erfolgen soll (vgl. auch Eckert 2016c).

3.4   Fehlende Methodenkompetenz

Eine wesentliche Herausforderung für einen erfolgreichen Einsatz von Lean Startup in Konzernen besteht in der Sicht der befragten Experten auch darin, dass es den Mitarbeitern in Konzernen und Mittelstandsunternehmen häufig an der entsprechenden Kompetenz im Umgang mit dieser neuen Innovationsmethode fehlt. Lean Startup ist eine Methode, die insbesondere im Umfeld junger

Wachstumsunternehmen genutzt wird und im Konzernumfeld bisher nur eingeschränkt angekommen ist.

In der Sichtweise der Experten zeigt sich diese fehlende Methodenkompetenz insbesondere bei der Vorgehensweise beim „Customer Development" und beim iterativen „Build-Measure-Learn"-Feedback Loop. Auch die damit zusammenhängende Bedeutung des „Minimum Viable Product" unter Nutzung verschiedener (reduzierter und fokussierter) Prototypen scheint in den Augen der Experten noch problematisch. Für Mitarbeiter in Konzernen scheint insbesondere das ergebnisoffene, experimentelle Vorgehen beim Lean Startup Probleme zu bereiten. Das hat in der Sicht der Experten auch mit einer nicht vorhandenen Fehlerkultur bzw. einer fehlenden Kultur des Scheiterns im Konzernumfeld zu tun.

Zusätzlich verweisen die befragten Experten im Zusammenhang mit Lean-Startup-Methodenkompetenz auch auf weitere Kompetenzlücken in etablierten Unternehmen. Hier wird dann häufig das „Design Thinking" angeführt, welches von der Mehrzahl der Experten in einer engen Verbindung zu Lean Startup gesehen wird. So wird häufig dem Design Thinking eine besondere Bedeutung in der Ideenphase zugeschrieben, während das Lean Startup die Stärken beim Umsetzen und Validieren von Ideen hat.

Design Thinking

Unter „Design Thinking" wird ein Ansatz verstanden, um in einem Unternehmen neue Produkt- und/oder Dienstleistungslösungen flexibel und kreativ zu entwickeln. Dabei orientiert sich „Design Thinking" an dem kreativen Vorgehen von Designern und umfasst einige festgelegten Vorgehensschritte.

Auch beim Design Thinking stehen zunächst das Problemverständnis und die Zielgruppe für die Problemlösung im Mittelpunkt. Im nächsten Schritt geht es um das Sammeln der notwendigen Informationen, die für die Problemstellung wichtig sein können. Damit soll vermieden werden, dass bereits in dieser frühen Phase bereits eine (unbewusste) Reduzierung auf mögliche naheliegende Problemlösungen geschieht. Danach werden diese zusätzlichen Informationen im Kontext der Problemstellung zusammengefasst und ausgewertet. Hier wird dann häufig vorgeschlagen, die wesentlichen drei bis fünf Erkenntnisse zu notieren.

Nach diesen ersten Vorarbeiten wird der potenzielle Kunde visualisiert. Wie sieht der Kunde der definierten Zielgruppe genau aus, in welcher Lebensphase befindet er/sie sich, welche Stärken und Schwächen hat die Person, welche Vorlieben, etc. Darauf aufbauend muss nun konkretisiert werden, wie genau dieser Zielperson im Kontext der Problemstellung geholfen werden kann. Aus dieser Phase resultiert somit eine zunehmende Präzisierung der anfänglichen Problemstellung und der Zielgruppe.

Erst danach beginnt die eigentliche Phase der Ideengenerierung, um Problemlösungsalternativen zu entwickeln. Im Ergebnis entstehen hier dann ein erstes Problemlösungskonzept und die Grundlagen für die detaillierten Problemlösungen. Nach Feedbackrunden erfolgt eine zunehmende Verfeinerung des Lösungskonzepts.

Ganz in diesem Sinne betont ein Experte dann auch, dass Design Thinking eine große Schnittmenge mit Lean Startup hat. Ein weiterer Experte stellt fest, „dass Design Thinking sich sehr gut mit Lean Startup verträgt". Ein dritter Experte betont weiter, dass Design Thinking eine Denkhaltung ist, „die den Menschen in den Mittelpunkt stellt und versucht herauszufinden, was der Mensch will, darauf basierende Lösungen zu entwickeln. Daran knüpft dann Lean Startup an."

Im Zusammenhang mit Design Thinking betont ein Experte letztendlich noch, dass in der Kombination von Design Thinking und Lean Startup eine mögliche Schwäche von Lean Startup ausgeglichen werden könne. Diese Schwäche besteht in der Gefahr, „nur die Ideen zu validieren, die du auch quantifizieren kannst". Auch diese Kombination könnte eine weitere interessante Kombination für die Praxis bilden. Der mögliche Lösungsraum soll durch das Design Thinking somit ausgeweitet werden.

Zusätzlich kann an dieser Stelle ebenfalls angemerkt werden, dass auch vorhandene Methoden- bzw. Prozesskompetenzen durch Lean Startup in etablierten Unternehmen an Bedeutung verlieren können. So betont ein Experte, dass der Innovationsprozess in Konzernen und Mittelstandsunternehmen für den Einsatz von Lean Startup neu gestaltet und verändert werden muss. So scheint der bekannte Stage-Gate-Prozess nicht mit dem Vorgehen beim Lean Startup kompatibel. Lean Startup schafft ein „neues Framework", „das weg von diesem Stage-Gate-Prozess geht".

Zur Lösung der Methodenlücken wird die Notwendigkeit einer „Entrepreneurial Education" (z. B. im Rahmen von „Boot Camps" oder „Erfahrungswochenenden") genannt. Hier sollen dann die Methoden des Lean Startups vermittelt und die besondere Bedeutung von Iterationen und Experimenten im Lean-Startup-Konzept verdeutlicht werden. Gleichzeitig wird damit auch sichergestellt, dass mit der Methodenkenntnis zunehmend auch eine einheitliche Kommunikationsbasis über die Konzerneinheiten hinweg entsteht.

In diesem Zusammenhang wird dann auch ein Methodenkasten (z. B. „Intrapreneurs Toolkit") zur Verfügung gestellt, der die relevanten Methoden des Lean Startups (z. B. Value Proposition Canvas, Business Model Canvas, Basis-Fragebögen für Customer Interviews) zur Verfügung stellt und Anwendungsmöglichkeiten aufzeigt.

Damit kann Lean Startup aber auch zu einem Instrument des kulturellen Wandels der Gesamtorganisation werden. Durch die regelmäßigen Experimente – nur dann macht das Konzept aus unserer Sicht Sinn – muss eine Veränderungsbereitschaft und Veränderungsfähigkeit in den Mitarbeitern entwickelt werden. Veränderungen erwarten und Veränderungen vorantreiben muss zu einem Teil der Unternehmenskultur werden.

> **Lessons Learned** Zusammenfassend zeigt sich, dass in einem ersten Schritt das Lean Startup in den Methodenbaukasten des Unternehmens eingebracht und integriert werden muss. Gleichzeitig muss das Kennenlernen der Methode mit einer übergeordneten „Entrepreneurial Education" verbunden werden. Hierunter wird die Ausbildung zum „Entrepreneur" verstanden, d. h., es werden die Techniken und Werkzeuge vermittelt, die zur Anwendung notwendig sind. Diese „Entrepreneurial Education" kann z. B. ganz oder teilweise in einem mehrwöchigen Boot Camp stattfinden.

3.5 Implementierungs- und Umsetzungsprobleme

Die Herausforderungen bei der Umsetzung von Lean Startup in etablierten Unternehmen können nicht unabhängig von den vorangegangenen Ausführungen (z. B. Methodenlücken) gesehen werden. Gleichzeitig können aber auch weitere und konkrete Umsetzungsprobleme beim Einsatz von Lean Startup in etablierten Unternehmen benannt werden.

Als wesentliche Probleme bei der Umsetzung von Lean Startup in Konzernen und Mittelstandsunternehmen wird von den befragten Experten insbesondere der Kulturwandel und das Commitment des Topmanagements in den Mittelpunkt gestellt.

Insbesondere der kulturelle Aspekt wird von den befragten Experten von wesentlicher Bedeutung für eine erfolgreiche Umsetzung von Lean Startup in etablierten Unternehmen angesehen. So betont z. B. ein Experte ausdrücklich, „dass die Methode alleine (…) keinen Erfolg" verspreche. Lean Startup ist in dieser Sicht viel mehr eine Haltung und Einstellung und weniger eine reine Methode". Ein Experte betont dann ganz in diesem Sinne auch, dass Lean Startup häufig aber nicht nur als Methode angesehen wird, sondern als „Gedankengut", die „eine gemeinsame Sprache in einem sehr kreativen und nicht-linearem und konfusen Prozess" schafft. Diese veränderte Einstellung zeigt sich z. B. in der Kundenorientierung im Sinne von „Get out of the building". Entwickler sollen sich nicht ein Jahr „verstecken" und versuchen (disruptive) Produkte zu entwickeln. Häufig wird dann ein neues Produkt entstehen und auf den Markt gebracht, das „wahrscheinlich keiner will".

Diese Kundenorientierung setzt häufig einen umfassenden „Mentalitätswechsel" bei den einzelnen Mitarbeitern voraus. Ein Experte betont in diesem

Zusammenhang, dass dieses Problem jedoch nicht nur in Konzernen, sondern durchaus auch in jungen Wachstumsunternehmen existieren kann. Es ist eben schwieriger, seine eigene Gedankenwelt zu verlassen und sich gegebenenfalls der Kritik von außen/vom potenziellen Kunden zu stellen. Dieser Mentalitäts- und Einstellungswechsel ist jedoch für den erfolgreichen Einsatz von Lean Startup unbedingt erforderlich.

Im Zusammenhang mit der genannten Kundenbasis verweisen die Experten aber auch auf einen großen Vorteil von etablierten Unternehmen im Vergleich zu jungen Wachstumsunternehmen. Grundsätzlich besitzen etablierte Unternehmen eben bereits eine Kundenbasis, die man enger in den Entwicklungsprozess einbinden kann.

Um den Kulturwandel für den Einsatz von Lean Startup voranzutreiben, schlagen die Experten verschiedene Vorgehensweisen vor. Ein Experte schlägt mehrwöchige „Boot Camps" vor, zu dem sich interessierte Mitarbeiter anmelden können. Im Rahmen dieser Boot Camps sollen die wesentlichen Inhalte und Vorgehensweisen von Lean Startup im Rahmen eines gemeinsamen „Learning by Doing" erarbeitet werden.

Ein weiterer Experte betont in einem ähnlichen Zusammenhang die Wichtigkeit „kulturelle Bewegung zu schaffen, damit sich das Mindset langfristig ändert". Hierzu kann z. B. ein „Netzwerk von Innovatoren" im Konzern aufgebaut werden, um eine entsprechende Lean-Startup-Kultur im Unternehmen zu etablieren. In diesem Netzwerk und auch darüber hinaus sollten regelmäßige Veranstaltungen und Events stattfinden, um das Arbeiten mit und die Erfolge der Lean-Startup-Methode kontinuierlich darzustellen und zu propagieren. Die Innovatoren können somit als Facilitator und Multiplikator des Programms agieren. In diesem Zusammenhang wird jedoch auch angemerkt, dass manche Bereiche eines etablierten Unternehmens auf eine effiziente Umsetzung ausgerichtet sind und auch ausgerichtet bleiben müssen.

Neben dem kulturellen Wandel und der Implementierung der Lean-Startup-Methode stellen die Experten durchgängig auch das Commitment des Topmanagements/des Vorstands in den Fokus. Hier betont ein Experte ausdrücklich, dass Konzerne zwar einerseits schnell, agil und kundenorientiert agieren wollen, es aber häufig an der konkreten Veränderungsbereitschaft mangelt. Die bestehenden Strukturen und Kulturen würde man ungern aufgeben.

In diesem Zusammenhang betont einer der Experten dann auch, dass im Unternehmen „eine gewisse Grundeinstellung zum Thema Innovation" vorhanden sein muss, die natürlich vom Vorstand vorgegeben sein muss. Demzufolge müssten entsprechende Signale vom Topmanagement ausgehen. Der angestrebte Wandel muss vom Topmanagement vorgelebt werden.

Letztendlich betonen die Experten aber noch einmal, dass die bestehenden Strukturen zu einer wesentlichen Herausforderung der Umsetzung von Lean Startup werden können. Die organisatorischen Strukturen müssten stärker an den zukünftigen Innovationsbedarf angepasst werden. Das heißt, die Strukturen müssen so gestaltet sein, dass sie für Innovationen auch möglich und auch durchlässig sind. Diese Möglichkeit wird jedoch aufgrund der etablierten und optimierten Prozesse und Strukturen als sehr eingeschränkt angesehen.

In diesem Zusammenhang wird dann aber der Schutz des Kerngeschäfts als weiteres wesentliches Thema genannt. Insgesamt muss jedoch, darin sind sich die Experten einig, eine Konfrontation zwischen Kerngeschäft des Konzerns oder Mittelstandsunternehmens (und damit den bestehenden Strukturen) und der innovativen Lean-Startup-Einheit vermieden werden. Dieses Problem besteht insbesondere dann, wenn durch Lean Startup kerngeschäftsnahe Produkt- und Geschäftsmodellinnovationen vorangetrieben werden sollen. Ein Experte betont dann auch ausdrücklich, dass in dem Konzern, in dem er tätig wäre, nur kerngeschäftsferne Produkt- und Geschäftsmodellinnovationen mit Hilfe von Lean Startup vorangetrieben werden.

Ein Experte spricht in diesem Zusammenhang dann auch vom „bipolaren Unternehmertum". Hier sollen die Bereiche, die auf die Optimierung des Kerngeschäfts spezialisiert sind, unabhängig vom disruptiven Lean-Startup-Bereich agieren können und umgekehrt. Zugleich betonen die Experten aber ergänzend, dass eine „Kannibalisierung im Notfall auch stattfinden" darf bzw. muss. In diesem Zusammenhang zeigt sich noch einmal die Notwendigkeit der „Kraft der zwei Systeme" in Unternehmen, die Kotter (2012) betont. So haben wir bereits an früherer Stelle festgehalten, dass nach Kotter (2012, S. 24) „ein Unternehmen in Zeiten ständiger Turbulenzen und Disruption" neben den traditionellen Hierarchien und Prozessen ein völlig neues Betriebssystem benötigt. Während manche Organisationseinheiten mehr auf Effizienz ausgerichtet sind, fokussieren andere Organisationseinheiten mehr auf „strategische Agilität". Man kann in unserer Sicht auch festhalten, dass manche Organisationseinheiten (mehr) auf den Marktanteilswettbewerb ausgerichtet sind, während andere Organisationseinheiten (mehr) den Chancenanteilswettbewerb in den Mittelpunkt stellen (müssen).

Ein Experte hebt in diesem Zusammenhang dann auch ausdrücklich hervor, dass man bei der Einführung von Lean Startup in einem Konzern, dies „organisatorisch sauber aufsetzen muss". Dies bedeutet, dass Lean Startup konsequenterweise in einer separaten Einheit aufgesetzt werden sollte. Die Einheit soll über Freiheiten und über Ressourcen verfügen.

▶   **Lessons Learned** Die Experteninterviews haben gezeigt, dass die Probleme bei der Umsetzung und Implementierung von Lean Startup in etablierten Unternehmen insbesondere auf der kulturellen Ebene gesehen werden. Innovationen werden nicht mehr in abgetrennten und abgesicherten Bereichen vorangetrieben, sondern erfordern einen aktiven Zugang auf die potenziellen Kunden und deren aktive Einbindung. Die eigene Gedankenwelt muss deshalb verlassen werden.

Dieser kulturelle Wechsel wird von den Experten, neben dem Erlernen der Methodenkompetenz, als entscheidend für die Implementierung von Lean Startup angesehen. Um dies zu erreichen, werden Boot Camps und Innovatoren-Netzwerke vorgeschlagen. Zusätzlich ist das Commitment des Topmanagements unbedingt erforderlich. Diese Anforderung ist grundlegend für alle Transformationsvorhaben in einem Unternehmen, bei denen u. a. auch der „Mindset" der Mitarbeiter verändert werden soll.

Bei der Implementierung und der Umsetzung von Lean Startup in etablierten Unternehmen können an dieser Stelle durchaus Vergleiche mit klassischen Veränderungsprogrammen gezogen werden, die u. a. auch langfristig das Denken und Handeln im Unternehmen, bei Lean Startup in Richtung „Unternehmertum" verändern sollen (vgl. Eckert 2014, 2016). Aufgrund der Langfristigkeit der Veränderung ist die Umsetzungsgeschwindigkeit bei diesen Programmen im Allgemeinen weniger wichtig. Wichtiger ist es dagegen, die Mitarbeiter in den Veränderungsprozess aktiv einzubinden.

Klassische Veränderungsprogramme

Betrachtet man vor diesem Hintergrund die klassischen Veränderungs- bzw. Transformationsprogramme, dann kann man durchaus Berührungspunkte zwischen dem Aufsetzen von Lean Startup in etablierten Unternehmen und dem Vorgehen bei klassischen Transformationsprogrammen feststellen:

Die Initiierung von klassischen Transformationsprogrammen erfolgt im Allgemeinen zentral. Die weitere Programmkoordination erfolgt dann jedoch zunehmend dezentral. Im Mittelpunkt von Transformationsprogrammen steht – ähnlich dem Lean Startup – ein „diszipliniertes Experimentieren", welches in der Verantwortung der dezentralen Einheiten liegt. Hier geht es weniger um den „großen Sprung nach vorn", sondern vielmehr um die konsequente Realisierung kleiner zielgerichteter Schritte in die richtige Richtung. Auch diese Vorgehensweise scheint gut auf Lean Startup anwendbar zu sein.

Die Mobilisierung der Mitarbeiter soll durch diese „aktive Teilhabe" erreicht werden. Die Nachhaltigkeit wird durch ein kontinuierliches Lernen sichergestellt. Dieses Lernen muss durch Fokusgruppen und durch ergänzende kommunikative Maßnahmen unterstützt werden – Erfolgsberichte sind hier für das Lernen und die Weiterentwicklung ebenso wichtig wie Berichte über Misserfolge. Dabei gilt zusätzlich, dass auch aus den Misserfolgen Schlussfolgerungen und positive Lerneffekte für zukünftige Entscheidungen abgeleitet werden können.

Um den Umbau zu realisieren, sind die weitere Einbindung und das weitere Engagement einer Vielzahl von Mitarbeitern – nicht nur des Führungsteams, welches die Veränderung initiierte – notwendig. Dabei muss die Veränderungsnotwendigkeit und das Veränderungsziel permanent und kontinuierlich – aufgrund der Langfristigkeit des Vorhabens – aufgezeigt und kommuniziert werden. Hierbei darf aber nicht vergessen werden, immer auch auf die zukünftigen Erfolgspotenziale für das Unternehmen und die zukünftigen Chancen für die Mitarbeiter hinzuweisen.

Zusammenfassend kann somit festgehalten werden, dass die Implementierung von Lean Startup in etablierten Unternehmen durchaus an den Erfahrungen aus klassischen Transformationsprogrammen in etablierten Unternehmen anschließen kann.

3.6 Zusammenfassung und Schlussfolgerung

Lean Startup hat sich in jungen Wachstumsunternehmen als Methode zur integrierten Gestaltung von Produkt- und operativen Geschäftsmodellinnovationen etabliert. Mit Hilfe von Lean Startup soll es gelingen, Produkt- und operative Geschäftsmodellinnovationen zeit- und ressourcensparend und auch kundenorientiert zu gestalten. Es hat sich gezeigt, dass Lean Startup insbesondere dann als wertvoll erscheint, wenn es darum geht, Unsicherheiten hinsichtlich der Umsetzbarkeit und Akzeptanz von Innovationen zu reduzieren. Es bietet sich insbesondere dann an, wie ein Experte feststellt, wenn man „noch keinen Plan hat".

Gedanklich und in einigen ausgewählten Projekten ist Lean Startup auch bereits in Konzernen und Mittelstandsunternehmen angekommen. Hier zeigt sich insbesondere, dass Lean Startup derzeit in deutschen Unternehmen vorwiegend bei kerngeschäftsfernen Innovationsvorhaben zum Einsatz kommt. Es geht dabei insbesondere um das Erschließen von neuen Geschäftsfeldern, die mit den aktuellen Kerngeschäften nichts oder wenig zu tun haben.

Zusätzlich herrscht eine weitgehende Übereinstimmung, dass sich insbesondere der Softwarebereich für Lean Startup eignet. Damit dringen die Einsatzmöglichkeiten von Lean Startup jedoch zunehmend in alle Branchen vor, in denen technologie-/softwarebasierte Produkte und Dienstleistungen von Bedeutung sind. Zudem scheint ein Einsatz von Lean Startup insbesondere auf den B2C-Bereich zu fokussieren.

Eine wesentliche Schwierigkeit bei der Umsetzung von Lean Startup in etablierten Unternehmen scheint zunächst in der (noch) fehlenden Methodenkompetenz in den Unternehmen zu liegen. Die Methodenkompetenz ist im Allgemeinen nur bei wenigen Experten verankert. Weitere Probleme in der Umsetzung von Lean Startup in etablierten Unternehmen werden insbesondere in einer wenig unterstützenden Unternehmenskultur und im fehlenden Commitment des Topmanagements ausgemacht. Die Vorgehensweise von Lean Startup bricht mit manchen altbekannten Regeln und fordert ein Unternehmen heraus. Diese Herausforderung betrifft aber auch andere bekannte lean-basierte Innovationsmethoden im Unternehmen.

Zusätzlich scheint die Umsetzung von Lean Startup auch deshalb schwierig, da einzelne Begriffe und Vorgehensweisen durchaus in etablierten Unternehmen bekannt sind. Diese Begriffe (z. B. Kundenorientierung, Experimente) werden jedoch mit anderen Inhalten und Gedankenmodellen verbunden. Eine reine Kommunikation der Methoden mit den Begriffen wird deshalb vielerorts zu der Feststellung führen, dass hier „nur alter Wein in neuen Schläuchen verkauft wird".

Zusätzlich können jedoch noch weitere Kritikpunkte identifiziert werden, die man bei der Umsetzung von Lean Startup stärker berücksichtigen muss. So stellt das Lean Startup im Vorgehen das operative Geschäftsmodell (z. B. Business Model Canvas) in den Mittelpunkt und sieht sich auch im Kern als Methode der operativen Geschäftsmodellentwicklung. Das zugrunde liegende Produkt bzw. die zugrunde liegende Dienstleistung wird im „Kundennutzen" abgearbeitet. Das funktioniert in dieser Form aber eben nur im jungen Wachstumsunternehmen.

Eine klare gedankliche Trennung von Produkt- und operativer Geschäftsmodellinnovation würde jedoch verdeutlichen, dass es zwischen Produkt- und operativer Geschäftsmodellinnovation – wie auch zwischen anderen Innovationsarten im etablierten Unternehmen – treibende und hemmende Wechselbeziehungen/Faktoren gibt, die in etablierten Unternehmen berücksichtigt werden müssen (vgl. Abb. 3.1).

Zudem zeigt sich in der Praxis, dass weniger die Unterscheidung zwischen kerngeschäftsnahen und -fernen Einsatz von Lean Startup entscheidend ist, sondern eher, ob Lean Startup kompetenznah oder kompetenzfern eingesetzt wird. Ein kompetenznahes Lean Startup hat zur Konsequenz, dass der Business Model Prototype (vgl. in diesem Zusammenhang dann auch Eckert 2014, 2016) und damit die strategischen Fähigkeiten eines Unternehmens oder auch das

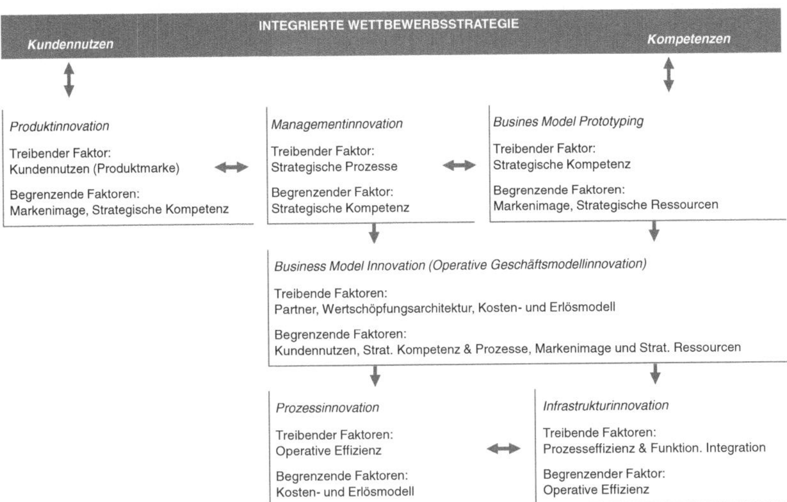

Abb. 3.1 Business Innovation Framework. (Eckert 2016, S. 137)

Markenimage im unternehmensinternen jungen Wachstumsunternehmen genutzt werden können. Bei einem kompetenzfernen Lean Startup muss ein entsprechender neuer Business Model Prototype durch das „Gründerteam" erst aufgebaut und entwickelt werden. Dies ist letztendlich dahin gehend bedeutsam, ob und wie die junge autonome Einheit an das Mutterunternehmen angebunden werden kann bzw. muss.

Handlungsempfehlungen für die Anwendung von Lean Startup in etablierten Unternehmen

4

Junge Wachstumsunternehmen sind nur bedingt mit etablierten Unternehmen zu vergleichen. Damit existieren aber auch verschiedene Rahmenbedingungen für den Einsatz von neuen Methoden in etablierten Unternehmen. Dennoch wird zunehmend versucht, Lean Startup weitgehend unverändert auf etablierte Unternehmen zu übertragen. Der Erfolg scheint hier jedoch (noch) relativ gering zu sein.

Vor diesem Hintergrund sollen auf der Grundlage der Erkenntnisse aus den Experteninterviews und den eigenen Forschungen konkrete Handlungsempfehlungen für einen angepassten Einsatz von Lean Startup in Konzernen und Mittelstandsunternehmen gegeben werden. Dabei ist davon auszugehen, dass auch etablierte Unternehmen zunehmend seltener in stabilen Märkten mit nachhaltigen Wettbewerbsvorteilen agieren (können). Der Wettbewerb findet zunehmend in instabilen Märkten und in dynamischen Wettbewerbsarenen mit zeitlich temporären Wettbewerbsvorteilen statt (vgl. Eckert 2016a, b). Der klassische Wettbewerb muss zunehmend um einen Kampf um zukünftige Opportunitäten – dem Wettbewerb um Chancenanteile – ergänzt werden. Genau für diesen Chancenanteilswettbewerb werden jedoch multidimensionale Innovationen – z. B. Lean Startup als Kombination von Produkt- und operative Geschäftsmodellinnovation – zunehmend wichtig (vgl. Abb. 4.1).

Diese verschiedenen Einflüsse und Zusammenhänge sollen nun in den Handlungsempfehlungen für das Management von etablierten Unternehmen berücksichtigt werden.

© Springer Fachmedien Wiesbaden GmbH 2017
R. Eckert, *Lean Startup in Konzernen und Mittelstandsunternehmen*, essentials,
DOI 10.1007/978-3-658-15775-3_4

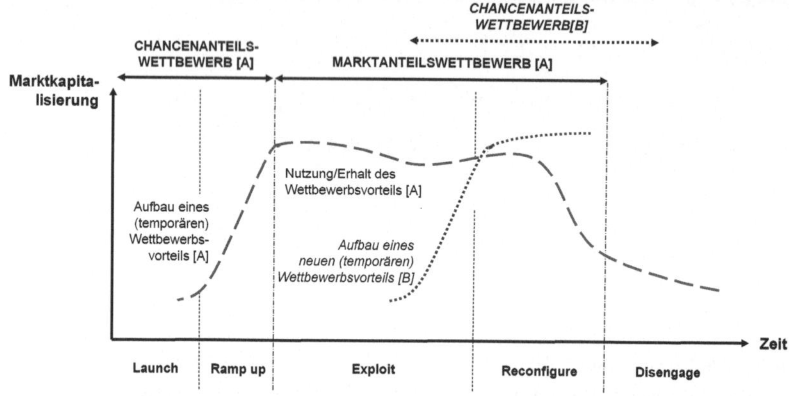

ANMERKUNG: Der Aufbau von Wettbewerbsvorteilen im Chancenanteilswettbewerb basiert zunehmend auf multidimensionalen Innovation. Der Erhalt von Wettbewerbsvorteilen im Marktanteilswettbewerb basiert zunehmend auf eindimensionale Innovationen.

Abb. 4.1 Wettbewerbsvorteile im Marktanteils- und Chancenanteilswettbewerb. (Eigene Abbildung)

4.1 Handlungsempfehlungen zur operativen Umsetzung von Lean Startup

In diesem Abschnitt sollen zunächst die Handlungsempfehlungen für eine Anwendung von Lean Startup in etablierten Unternehmen im Mittelpunkt stehen. Damit geht es hier dann insbesondere um den Chancenanteilswettbewerb, der klar vom Marktanteilswettbewerb getrennt werden muss (vgl. Eckert 2016).

Handlungsempfehlung 1: Innovationsziel(e) für den Chancenanteilswettbewerb festlegen
In der Vergangenheit standen bei etablierten Unternehmen im Allgemeinen „nur" die (eindimensionalen) Produkt-, Prozess- oder operativen Geschäftsmodellinnovationen im klassischen Marktanteilswettbewerb im Mittelpunkt. Mit deren Hilfe sollten die bekannten Innovationsziele im klassischen Wettbewerb – Differenzierung, Geschwindigkeit und Disruption – realisiert werden.

Die bisherigen Ausführungen haben gezeigt, dass auch beim Lean Startup als Integration von Produkt-/Dienstleistungsinnovationen mit operativen Geschäfts-modellinnovationen die drei genannten Innovationsziele im Mittelpunkt ste-hen. Die Experteninterviews haben auch verdeutlicht, dass die Stärke von Lean

Startup insbesondere in der Entwicklung von *disruptiven* integrierten Produkt- und operativen Geschäftsmodellinnovationen liegt. Disruptive Innovationen müssen dann aber auch als wesentliches Innovationsziel für den Einsatz von Lean Startup festgelegt werden.

Dies schließt jedoch nicht aus, dass einzelne Elemente von Lean Startup (z. B. in Form von „Rapid Iteration" bei Audi) im klassischen Innovations- und Entwicklungsprozess in etablierten Unternehmen implementiert werden können (vgl. Eckert 2016a, S. 4). Teile des Lean Startup haben somit auch bereits in den klassischen eindimensionalen Innovationsvorhaben durch Einzelelemente Berücksichtigung gefunden.

In etablierten Unternehmen wird Lean Startup derzeit häufig als pro-aktive Methode genutzt, um das eigene operative Geschäftsmodell (in einem gesicherten Raum) aktiv anzugreifen. So attackiert z. B. Klöckner & Co. SE sein gewachsenes operatives Geschäftsmodell (und dessen Produkt-/Dienstleistungsangebote) durch eine digitale Technologieplattform. Damit sollen neue disruptive Opportunitäten im Chancenanteilswettbewerb erzeugt werden, die als Basis im zukünftigen Marktanteilswettbewerb einen Unternehmensnutzen bringen soll.

Handlungsempfehlung 2: Autonome interdisziplinäre Teams für den Chancenanteilswettbewerb aufsetzen

Klassische Innovationen (im Marktanteilswettbewerb) finden im Allgemeinen in den Entwicklungsbereichen und -abteilungen etablierter Unternehmen und Geschäftsbereiche statt. Auch hier sind interdisziplinäre Teams notwendig, um Innovationen erfolgreich durchzuführen. Interdisziplinär bedeutet hier jedoch, dass die funktionalen Unternehmenseinheiten (z. B. Marketing, Vertrieb, Produktion) in den Entwicklungsprozess integriert werden. Damit wird versucht, die Barrieren zwischen den organisatorischen Silos zu beseitigen und einen Wissensaustausch zwischen den beteiligten Bereichen zu initiieren. Zusätzlich können auch Kunden oder Lieferanten eingebunden werden.

Im Gegensatz hierzu muss Lean Startup eher als Business Development angesehen werden. Hier werden Teams aufgesetzt, die interdisziplinär durch externe Experten (z. B. Methodenexperten, Zukunftsforscher) und Branchenexperten ergänzt werden, die in den zukünftigen Branchen und Wettbewerbsarenen von Bedeutung sind (vgl. Eckert 2016a, b). Damit ist ein „interdisziplinäres Team" jedoch ganz anders zusammengesetzt.

Diese unterschiedliche Zusammensetzung der interdisziplinären Teams hängt auch damit zusammen, dass die wesentlichen Kernfragen in den jeweiligen Entwicklungsprozessen verschieden sind (vgl. Tab. 4.1).

Tab. 4.1 Ausgewählte Kernfragen im klassischen vs. im Lean-Startup-basierten Entwicklungsprozess

Ausgewählte Kernfragen im klassischen Entwicklungsprozess	Ausgewählte Kernfragen im Lean-Startup-basierten Entwicklungsprozess
Wie sieht eine mögliche Kundennachfrage aus?	Was sind die wirklichen Probleme („pain points") des Kunden?
Welcher zukünftige Kundennutzen muss erfüllt werden?	Wie sieht eine mögliche Lösung für das Problem aus?
Wie können wir diesen Kundennutzen durch unsere Kompetenzen (z. B. Technologien) liefern?	Wird die Problemlösung auch durch den Kunden als Problemlösung akzeptiert?
Welchen Erfolg errechnet sich aus dem neuen Angebot?	Wie muss eine Produktlösung für diese Problemlösung aussehen?
	Wird die Produktlösung durch den Kunden akzeptiert?
	Welche Kompetenzen benötigen wir für die neue Produktlösung?
	Mit welchem (operativen) Geschäftsmodell können wir die Produktlösung mit Gewinn umsetzen?
	Wie gestalten wir die einzelnen Elemente des (operativen) Geschäftsmodells?

Zusätzlich kann als Ausblick festgehalten werden, dass ein Unternehmen mit einer zunehmenden Bedeutung des Chancenanteilswettbewerbs auch verstärkt über die Rolle eines „Chief Business Innovation Officer" nachdenken muss. Der Chief Business Innovation Officer trägt die Verantwortung für die multidimensionalen Innovationsaktivitäten eines Unternehmens. Er ist der Portfoliomanager für die verschiedenen Opportunitäten, die sich im Chancenanteilswettbewerb herausbilden und der in Zusammenarbeit mit dem „Chief Strategy Officer" (Fokus Marktanteilswettbewerb) die Entscheidungen für den CEO vorbereiten und anschließend umsetzen muss (vgl. hierzu auch Eckert 2016, S. 237 ff.).

Handlungsempfehlung 3: Methodenkompetenz für Lean Startup entwickeln
Die bekannten Innovationsmethoden sind im Allgemeinen für den klassischen Marktanteilswettbewerb entwickelt worden. Hier wird dann, ausgehend von den vorhandenen Kompetenzen und der zukünftigen Marktentwicklung, beispielsweise gefragt, welche Nutzeninnovationen („Blue Ocean") möglich sind und

inwieweit ein operatives Geschäftsmodell zur Umsetzung der Nutzeninnovation (weiter-)entwickelt werden muss. Die zugehörigen Methoden gehören im Allgemeinen zum Standard-Methodenkasten eines Unternehmens.

Teilweise können diese bekannten Methoden auch im Chancenanteilswettbewerb und in den multidimensionalen Innovationen zum Einsatz kommen. So findet man beispielsweise die operative Geschäftsmodellinnovation nicht nur als Verbindung zwischen Wettbewerbsstrategie und Organisationsmodell im Marktanteilswettbewerb (vgl. Eckert 2014, S. 60), sondern auch als Element in der Lean-Startup-Methode wieder.

Dennoch kann man festhalten, dass es im Chancenanteilswettbewerb zunehmend um zwei wesentliche Schwerpunkte geht: Zum einen steht die Identifizierung von zukünftigen Wettbewerbsarenen im Mittelpunkt (siehe hierzu auch zum strategischen Vorausblick auf der Gesamtunternehmensebene). Zum anderen gilt, dass viele scheinbar disruptiven Innovationen im kleinen Maßstab bereits existier(t)en. Entscheidend wird zunehmend, die Potenziale für den zukünftigen Chancenanteilswettbewerb frühzeitig zu erkennen, wie z. B. das Beispiel „Carsharing" aufzeigt.

Carsharing

Carsharing hat in Europa bereits eine lange Tradition. Eine frühe Form war die Selbstfahrergenossenschaft (Sefage) in Zürich ab 1948. In den 1970er und 1980er Jahren gab es weitere Projekte in den Niederlanden, Frankreich und Schweden. Im Jahre 1987 begannen zwei weitere Projekte in der Schweiz, welche nun gemeinsam unter Mobility CarSharing firmieren. Im Jahre 1988 begann StattAuto Berlin als erste Carsharing-Organisation in Deutschland (vgl. Breitinger 2014).

Die Dienstleistungs-/Produktidee des Carsharings ist somit nicht neu. Neu sind jedoch der Business Model Prototype und das operative Geschäftsmodell, um die Dienstleistungs-/Produktidee – auch unter Nutzung neuer strategischer Ressourcen/Technologien – an den Kunden zu bringen.

Für den disruptiven Innovationswettbewerb scheinen deshalb einige ausgewählte Methoden von besonderer Bedeutung zu sein, aus denen einige wesentliche Methoden nachfolgend kurz dargestellt werden sollen:

Solution Canvas

Das Solution Canvas stellt eine fokussierte Zusammenfassung des aktuellen Standes der Anwendung von Lean Startup im konkreten Anwendungsfall dar. Im Mittelpunkt stehen dann z. B. die Problemstellung der Zielkunden („jobs-to-be-done"), die gelöst werden soll. Für diese „jobs-to-be-done" werden anschließend die Problem- („problem-solution-fit") und Produktlösungen („product-market-fit") und das notwendige Geschäftsmodell (Business Model Prototype und erweiterter Business Model Prototype) dargestellt.

Ausgangspunkt des Solution Canvas und in der Mitte steht eine kurze Beschreibung des Kundenproblems („job-to-be-done"). Damit verbunden sind die Darstellung des Kundensegments und eine Beschreibung eventuell bekannter Einflüsse des Kaufverhaltens im definierten Kundensegment. Damit wird hier insbesondere auf die Ebene der Produkt- bzw. Dienstleistungsinnovation fokussiert.

Ein weiterer wesentlicher Aspekt stellt die Darstellung des Business Model Prototypes und der zugehörigen Kernelemente (z. B. strategische Kompetenz, strategische Prozesse, Markenimage) dar. Daneben werden zusätzlich die konkreten treibenden und hemmenden Faktoren zwischen Business Model Prototype, Business Model Innovation und Produktinnovation (siehe auch Business Innovation Framework in Kap. 3) dargestellt. In einem zusätzlichen Segment des Solution Canvas werden die Kernelemente des erweiterten Business Model Prototypes dargestellt.

Insbesondere in etablierten Unternehmen kommt den treibenden und hemmenden Faktoren zwischen den konkreten Innovationsschwerpunkten bei der erfolgreichen Umsetzung eine besondere Bedeutung zu.

Business Model Prototype (BMP/Minimum Business Model Canvas)
In unserem Verständnis bilden die Vision eines Unternehmens (siehe auch das Beispiel des chinesischen Internetunternehmens Alibaba in Abschn. 4.2) und der Business Model Prototype eine feste Achse, um die sich alles dreht. Dabei gehen die Vision und Business Model Prototype häufig auf den Unternehmensgründer zurück. Beide Elemente sind, wenn sie sich im Laufe der Historie des Unternehmens bewährt haben, stabil und werden selten verändert. Vision und Business Model Prototype bilden somit ein gemeinsames mentales Modell, wie das Unternehmen die Wirklichkeit (Industrien, Wettbewerbsarenen, Geschäftslogik, etc.) sieht.

Der Business Model Prototype ist das mentale Modell/die Competitive Essence, welches die wesentlichen Details und die wesentlichen Wirkzusammenhänge eines Unternehmens beschreibt. Das operative Geschäftsmodell (im Sinne eines erweiterten Business Model Prototypes) ist dann vergleichbar mit einem Template, welches aus dem Business Model Prototype abgeleitet wird und einen detaillierten Umsetzungsplan liefert. Er beschreibt die Kernelemente eines Geschäftsmodells. Diese wesentlichen Kernelemente haben sich im Allgemeinen im Laufe der Unternehmensentwicklung herausgebildet – noch bevor mithilfe eines operativen Geschäftsmodells/des erweiterten Business Model Prototypes der tatsächliche Marktangang erfolgte (vgl. Eckert 2016, S. 66 ff.). Das operative Geschäftsmodell/der erweiterte Business Model Prototype leitet sich aus den Kernelementen des Business Model Prototypes ab (vgl. auch Eckert 2014).

Aus der Stabilität von Vision und Business Model Prototype resultierte in der Vergangenheit, dass auch das operative Geschäftsmodell (in unserem Verständnis: der erweiterte Business Model Prototype) eines Unternehmens sowie die daraus abgeleiteten Strukturen, Prozesse und Systeme, die Sichtweisen auf die Rollen, Verantwortlichkeiten und Zuständigkeiten im Unternehmen und demzufolge auch die Kultur überwiegend statisch waren. Das, was sich bewährt hat, wurde selten verändert. In diesem stabilen Umfeld konzentrieren sich dann die Experimente und die Innovationen im Unternehmen auf Produkt- und Dienstleistungsangebote auf der Basis der vorhandenen Technologien und Kompetenzen. Eckert (2016, S. 55 ff.) spricht in diesem Zusammenhang dann auch von der Bedeutung von eindimensionalen Innovationen.

Im (hyper-)dynamischen Wettbewerb muss die Vision jedoch regelmäßig hinterfragt und entsprechend der Markt- und Wettbewerbsentwicklung angepasst und weiterentwickelt werden. Hierzu kann insbesondere das „Strategic Foresighting" (siehe auch Handlungsempfehlungen im Abschn. 4.2) als Methode einen Beitrag leisten (vgl. Eckert 2016, S. 107 f.). Ebenso kann der zunehmende dynamische Wettbewerb ein Unternehmen auch zu einer Weiterentwicklung des Business Model Prototypes zwingen.

Business Model Canvas (EBMP/Extended Business Model Prototype)
Der erweiterte Business Model Prototype (EBMP) liefert die realisierte Geschäftslogik eines Unternehmens und beschreibt im Sinne eines operativen Geschäftsmodells, wie das Unternehmen den Mehrwert aus der zugrunde liegenden Geschäftslogik generiert.

Der erweiterte Business Model Prototype umfasst somit die weiteren notwendigen Elemente zur umfassenden Beschreibung eines (operativen) Geschäftsmodells. Im Gegensatz zu anderen Geschäftsmodellansätzen baut der erweiterte Business Model Prototype auf den genannten Kernelementen des Business Model Prototypes auf und liefert somit ein geschlossenes und integriertes Vorgehensmodell (vgl. Abb. 4.2).

Discovery-Driven Planning/Reverse Income Statement
Das Discovery-Driven Planning wurde in der Zeit der „New Economy" von McGrath und MacMillan (1999) wieder aufgegriffen. Ausgangspunkt war, dass die klassische Planung auf der Grundlage von stabilen Prämissen zwar im klassischen Wettbewerb (auch im Sinne des Marktanteilswettbewerbs) zielführend sind/waren. Für den zunehmend wichtiger werdenden Chancenanteilswettbewerb gilt dies aufgrund der vielen unbekannten Einflüsse jedoch weniger.

Die bekannte klassische Planung startet im Allgemeinen mit einer umfassenden Markt(potenzial)analyse, aus der die entsprechend Aufwandspositionen und

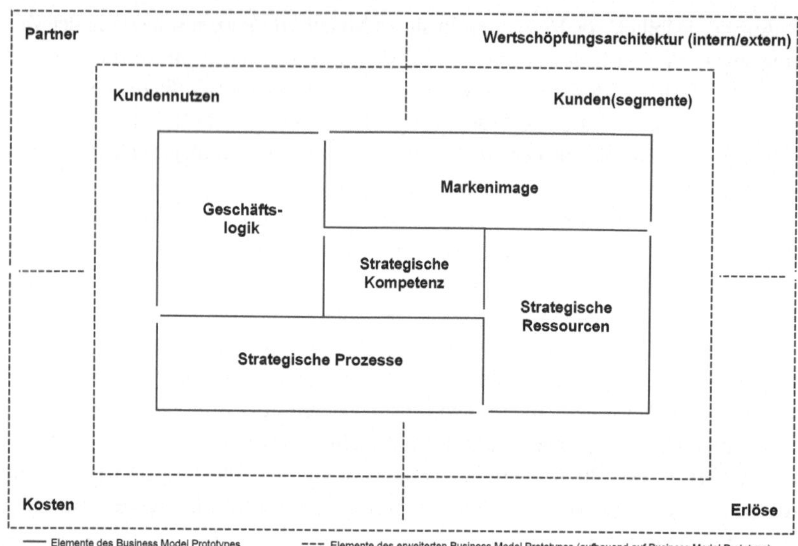

Abb. 4.2 Business Model Prototype und erweiterter Business Model Prototype. (Eckert 2016, S. 180)

das Ergebnis der Unternehmenstätigkeit abgeleitet werden. Es liegt ein klassisches Top-down-Vorgehen vor, welches aus den geplanten Umsatzerlösen abgeleitet wird. In diesem klassischen Vorgehen sind umfassende und stabile Annahmen zur zukünftigen Marktentwicklung unbedingt erforderlich.

Die Discovery-Driven Planning (hier dann im Chancenanteilswettbewerb) folgt hingegen einem Bottom-up-Ansatz. Begonnen wird somit mit dem Ziel-ergebnis und dem Ziel-ROCE oder dem Ziel-ROA (z. B. im Vergleich zu beste-henden Geschäftsbereichen bzw. zu Wettbewerbern). Hieraus werden die entsprechenden Aufwands- und die notwendigen Ertragspositionen abgeleitet.

Der Vorteil dieser Vorgehensweise liegt darin, dass sich die Anzahl der notwen-digen Kunden oder Produktverkäufe für die Ziel-Renditen Bottom-up und jen-seits von marktseitigem Wunschdenken entwickelt (vgl. McGrath und MacMillan 1999). Zusätzlich bietet sich bei der Discovery-Driven Planning der Einsatz von „Predictive Analytics" entlang des zugrunde liegenden Kennzahlenbaums an.

Experimente (Build-Measure-Learn-Zyklen)
Experimente und Tests stellen im Lean Startup die wesentliche methodische Grundlage dar. Durch Experimente und Tests soll durch Versuch und Irrtum schnell gelernt und validiert werden. Auch für den Chancenanteilswettbewerb

muss zunehmend festgehalten werden, dass Lernzyklen als unbedingt notwendig anzusehen sind.

Die Experimente und Tests werden durchgeführt, um entwickelte Hypothesen zu plausibilisieren. Die Ergebnisse der Experimente werden in einem entsprechenden Framework (z. B. Solution Canvas) zusammengefasst und durch weitere Experimente und Tests kontinuierlich weiterentwickelt bis stabile kundenorientierte Lösungen vorliegen. Wichtig ist deshalb, dass die Experimente oder Tests in einer direkten Interaktion mit den Zielkunden durchgeführt werden.

Handlungsempfehlung 4: Gedankliche Trennung zwischen Produkt- und operativer Geschäftsmodellinnovation

Im klassischen Lean Startup scheint insbesondere die operative Geschäftsmodellinnovation im Mittelpunkt zu stehen; die Produkt- oder Dienstleistungsinnovationen werden durch den „Kundennutzen" eingebunden.

Aus unserer Sicht bestehen zwischen den verschiedenen Innovationsarten treibende und begrenzende Faktoren (vgl. Eckert 2016, S. 137; siehe auch das Business Innovation Framework in Kap. 3). So ist das Kundenproblem z. B. bei Produktinnovationen der treibende Faktor. Daneben gibt es aber auch noch begrenzende Faktoren. Dies sind zum einen die strategischen Fähigkeiten eines Unternehmens. Zum anderen kann sich das Markenimage beim späteren Marktangang als begrenzend erweisen.

Auch bei den operativen Geschäftsmodellinnovationen (in unserem Denkmodel: erweiterter Business Model Prototype) können treibende und begrenzende Faktoren identifiziert werden. Begrenzend wirkt hier insbesondere der existierende Business Model Prototype mit seinen Kernelementen.

Für die praktische Umsetzung von Lean Startup in etablierten Unternehmen müssen die vorhandenen treibenden und begrenzenden Faktoren jedoch zwingend berücksichtigt werden. Dies ist ein wesentlicher Unterschied zum Lean Startup in jungen Wachstumsunternehmen, bei dem sich ein Business Model Prototype (als mentales Modell) noch nicht final etabliert hat (vgl. Eckert 2016, S. 157 ff.).

4.2   Handlungsempfehlungen zur Weiterentwicklung des Unternehmens

Eine rein operative Umsetzung von Lean Startup als Methode reicht jedoch nicht aus. Darauf haben bereits die Ergebnisse der Experteninterviews erste Hinweise gegeben, wenn z. B. von kulturellen Problemen oder der notwendigen Unterstützung des Topmanagements gesprochen wurde. Auch für die Weiterentwicklung des Unternehmens sind deshalb einige wesentliche Handlungsempfehlungen zu formulieren.

Handlungsempfehlung 1: Vision und strategischen Vorausblick entwickeln
Lean Startup ist eine operative Methode, die, ausgehend von konkreten Kundenproblemen, Lösungsalternativen, Produktalternativen und Geschäftsmodellalternativen (vgl. auch Abb. 2.1) entwickelt. Dennoch verliert die strategische Perspektive nicht grundsätzlich die Bedeutung. Vielmehr muss die operative Bottom-up-Sicht (Lean Startup) durch eine entsprechende strategische Top-down-Sicht – dem strategischen Vorausblick – ergänzt werden.

Beim strategischen Vorausblick wird versucht, aus der Sicht des Kunden die Zukunft zu beschreiben und deren Veränderungen. Auf der Basis von Entwicklungstrends, Technologietrends, der Veränderung der Bevölkerungsstrukturen, Veränderungen der Lebensgewohnheiten der Menschen wird ein Bild der Zukunft entwickelt, bei dem keine Anknüpfung zur aktuellen Sicht oder Realität eines Unternehmens vorhanden sein muss. Daraus ergibt sich dann auch die Vision, welche Rolle das Unternehmen in welchem zukünftigen Wettbewerbsfeld aktiv einnehmen kann bzw. möchte. Danach wird abgeleitet, welche Elemente des eigenen Business Model Prototypes, d. h. insbesondere welche strategische Kompetenz und welche strategischen Prozesse, zukünftig an Bedeutung gewinnen werden.

Abgrenzung von der Szenariotechnik/-planung (vgl. Eckert 2016, S. 130)

Die Vorgehensweise bei Strategic Foresighting darf nicht mit der Vorgehensweise bei der Szenarioplanung verwechselt werden. Das Strategic Foresighting leitet die aktuell notwendigen Maßnahmen retrograd aus der angenommenen Zukunftssituation (Branchen, Wettbewerbsarena) ab. Demgegenüber versucht die Szenariotechnik/Szenarioplanung die Zukunftssituation aus der aktuellen Situation des Unternehmens in seiner Branche abzuleiten. Das funktioniert nur bei relativ stabilen Faktoren und Rahmenbedingungen (vgl. Gausemeier 2010).

Der strategische Vorausblick soll ein Unternehmen dazu bringen, sich unabhängig von der aktuellen Situation regelmäßig Gedanken über seine Rolle im zukünftigen Wettbewerb zu machen. Diese zukünftige Rolle im Wettbewerb ist nichts anderes als die zukünftige Vision des Unternehmens. Unabhängigkeit im Denken ist notwendig, da nur auf diese Weise ein „das Spiel anders spielen" entstehen kann.

Weiterentwicklung der Vision bei dem chinesischen Internetkonzern Alibaba
Unter einer Vision wird die Beschreibung der Rolle eines Unternehmens im zukünftigen Wettbewerb verstanden. Deshalb muss die Vision regelmäßig überprüft und an die veränderte Wirklichkeit angepasst werden.

Alibaba gilt als erfolgreicher Technologie- und Internetkonzern, der sich kontinuierlich weiterentwickelt und an die veränderten Marktbedingungen anpasst. Das Unternehmen begann im Jahre 1999 als B2B-Webseite für kleine Fertigungsbetriebe in China. Diese Vision (auf der Grundlage des strategischen Vorausblicks) war richtig, da zu diesem Zeitpunkt nur rund ein Prozent der Chinesen über einen Internetanschluss verfügten.

Eine Zunahme der Nutzerzahlen in der Zukunft war zu erwarten; die Schnelligkeit des zukünftigen Wachstums war jedoch schwer abzuschätzen. Deshalb begann Alibaba mit einem experimentellen Lean-Startup-Ansatz zu arbeiten. Dem ging jedoch eine Überarbeitung der Vision auf der Grundlage eines neuen strategischen Vorausblicks voraus.

So sprach das Unternehmen z. B. im Jahre 2008 davon, „die Entwicklung eines E-Commerce-Ökosystems in China" fördern zu wollen. In der Konsequenz wurden dann neue kleine Wachstumseinheiten aufgesetzt, die Infrastrukturdienste, Mikrofinanzierungen und Logistikleistungen anboten (vgl. in diesem Zusammenhang Reeves et al. 2016, S. 56 ff.).

Handlungsempfehlung 2: Bewusstsein für Innovationen kulturell verankern
Im Rahmen der Experteninterviews wurde die Notwendigkeit der kulturellen Änderung des Unternehmens betont. Der Schwerpunkt lag hierbei insbesondere auf ein Mehr an „Unternehmertum", welches zunehmend notwendig sein würde.

Allgemein kann man festhalten, dass kulturelle Veränderungen und damit Verhaltensveränderungen grundlegend für langfristige Veränderungsvorhaben bzw. langfristige strategische Programme sind (vgl. Eckert 2014, S. 207 ff.). Hrebiniak (2005, S. 267 ff.) hält in diesem Zusammenhang fest, dass ein kultureller Wandel im Unternehmen insbesondere durch neue Mitarbeiter, veränderte Anreizsysteme und veränderte Organisationsmodelle/-strukturen vorangetrieben werden können. Dies entspricht dann auch den dargestellten Vorschlägen aus den Experteninterviews.

Um Innovationen und den Wettbewerb um Chancenanteile noch breiter im Unternehmen zu verankern, bieten sich z. B. Ideenforen an. Bei den Ideenforen handelt es sich um zwei- oder drei-tägige Events, zu ausgewählten disruptiven Herausforderungen. Diese Themen können sich z. B. aus dem strategischen Vorausblick ergeben. In den fokussierten Ideenforen können die beteiligten Mitarbeiter mit ausgewählten Kunden ihre Problemlösungs-, Produkt- und Geschäftsideen diskutieren.

Handlungsempfehlung 3: Strategieprozess verändern
Der bekannte und klassische strategische Managementprozess stellt im Allgemeinen die klassische Branche in den Mittelpunkt und beginnt mit einer Diagnose der Ausgangssituation. In der klassischen Sichtweise geht es zunächst darum,

„sich ein fundiertes Bild von der aktuellen und der zukünftigen Welt (in der Branche, RE) zu verschaffen" (Nagel und Wimmer 2009, S. 106). Hierzu werden die gesellschaftliche Umweltebene, die Unternehmensebene, die Kompetenzen und Kernkompetenzen analysiert. Nach Abschluss dieser Phase sollte ein gemeinsames Bild im Unternehmen zu den Chancen und Risiken einerseits und den Stärken und Schwächen andererseits vorliegen.

Gleichzeitig gilt im klassischen strategischen Managementprozess jedoch, dass die eigenen unternehmensspezifischen Erfahrungen und Annahmen und damit die zugrunde liegenden unternehmensspezifischen Denkmodelle nur selten überprüft und hinterfragt werden. Diese Denkmodelle beschreiben z. B., wie die Branche strukturiert ist, welchen Spielregeln der Wettbewerb in der Branche folgt, wer die (relevanten) Kunden sind und was diese nachfragen, welche Technologien vielversprechend sind. Die Denkmodelle sind somit allgemeine Orientierungshilfen bzw. „innere Landkarten", über die eine (regelmäßige) Diskussion nicht mehr notwendig erscheint.

In einem nächsten Schritt geht es darum, die strategischen Optionen für das Unternehmen zu entwickeln und zu bewertet. In diesem Zusammenhang geht es dann einerseits um die Abschätzung, welche Ertragspotenziale und welcher Investitionsaufwand mit den einzelnen strategischen Optionen verbunden sind (vgl. Nagel und Wimmer 2009, S. 110 f.). Danach wird die strategische Positionierung des Unternehmens abgeleitet. Im Anschluss beginnt der Übergang von der Strategieentwicklung zur Strategieumsetzung mit der notwendigen „Organisationstransformation" (Nagel und Wimmer 2009, S. 113).

Für den dynamischen Hyperwettbewerb muss der klassische Strategieprozess jedoch verändert werden. Dies bedeutet insbesondere, dass die mentalen Modelle des Unternehmens, d. h. die unternehmensspezifischen Annahmen und damit auch insbesondere der Business Model Prototype, zunehmend und regelmäßig hinterfragt werden müssen. Nur dieses Hinterfragen eröffnet die Möglichkeit, die zugrunde liegenden Spielregeln zu verändern. Dieses „Ändern der Spielregeln" ist aber wesentlich für den Chancenanteilswettbewerb (vgl. Eckert 2014, 2016).

Dies bedeutet, dass in dynamischen Wettbewerben neue „Impulsgeber" in die Analysephase eingebunden werden müssen. Diese neuen Impulse können beispielsweise durch externe Experten oder durch weitere interne Mitarbeiter verschiedener Unternehmensebenen und -hierarchien erfolgen. Zudem darf sich die Analysephase nicht mehr nur auf das bekannte Branchenumfeld fokussieren, sondern muss auf aktuelle und zukünftige Wettbewerbsarenen ausgeweitet werden. In den nächsten Schritten müssen die neuen Optionen für den Wettbewerb in der Branche bzw. in der Wettbewerbsarena bewertet werden. In diesem Zusammenhang geht es dann auch um die Elemente eines zukünftigen Business Model Prototype und eines erweiterten Business Model Prototype (vgl. Eckert 2016).

Handlungsempfehlung 4: Vision, Business Model Prototype und operatives Geschäftsmodell verbinden

In den Experteninterviews hat sich ergeben, dass Lean Startup insbesondere für kerngeschäftsferne Produkt- und operative Geschäftsmodellinnovationen empfohlen wird. Durch Lean Startup sollen neue Geschäftsfelder erschlossen werden. Betrachtet man die bekannten Konzernbeispiele, z. B. Klöckner & Co SE, Car2Go oder auch T-Systems, dann scheint dies eine mögliche und sinnvolle Differenzierung zu sein.

Besser erscheint uns jedoch eine Differenzierung (vgl. Eckert 2016d), die auf der Vision, dem Business Model Prototype und dem erweiterten Business Model Prototype (operatives Geschäftsmodell) aufbaut und mit dem Modell der „drei Horizonte der Innovationen" (vgl. Baghai et al. 1999) verbunden wird (vgl. Abb. 4.3).

Im Chancenanteilswettbewerb wird es entscheidend davon abhängen, welcher Horizont im Fokus steht. Im „H2" steht die Erweiterung des Marktanteils durch die Erweiterung des Kerngeschäfts im Mittelpunkt. Deshalb wird die Vision verändert, der Business Model Prototype – z. B. strategische Kompetenz oder Markenimage – bleibt jedoch unverändert. Durch die Änderung der Vision ist jedoch eine Überarbeitung des operativen Geschäftsmodells notwendig. H2-Innovationen müssen somit Produkt- und operative Geschäftsmodellinnovationen im Sinne von Lean Startup verbinden. Alibaba ist ein klassisches Beispiel für diese Fokussierung.

Im „H3" entstehen aus einer neuen Vision ein neuer Business Model Prototype und auch ein neuer erweiterter Business Model Prototype (operatives Geschäfts-

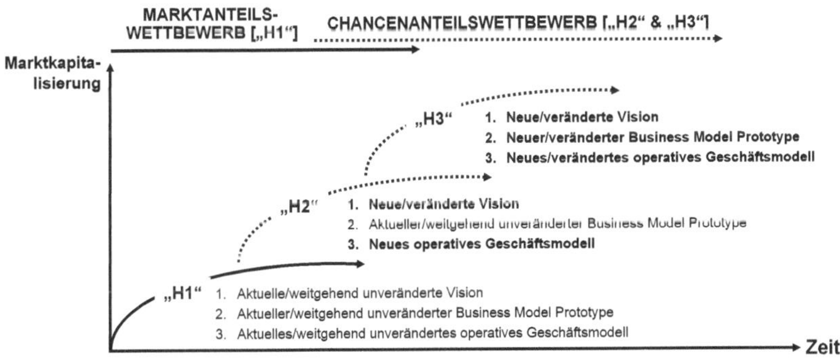

Abb. 4.3 Vision, Business Model Prototype und operatives Geschäftsmodell im 3-H-Modell. (Eigene Abbildung)

modell). Hier muss jedoch das klassische Lean Startup um ein Business Model Prototyping ergänzt werden. Car2Go ist ein klassisches Beispiel für eine H3-Innovation. Car2Go basiert auf einer neuen Vision, einem neuen Business Model Prototype und einem neuen operativen Geschäftsmodell. Diese Innovation kann nun kompetenzzerstörend (für die Muttergesellschaften) werden oder kompetenzerweiternd sein. Das hängt davon ab, welche Zielsetzung mit dem jungen Wachstumsunternehmen verfolgt wird.

▶ In der Schlussfolgerung scheint sich zu zeigen, dass das klassische Lean Startup insbesondere für H2-Innovationen geeignet ist. Für H3-Innovationen muss das Lean Startup mit dem Business Model Prototyping aktiv verbunden werden. Diese unterschiedlichen Schwerpunkte bestimmen letztendlich die organisatorische Ausgestaltung des konzerninternen Wachstumsunternehmen und dessen Art der Anbindung an das Mutterunternehmen. Wichtig ist hier insbesondere, dass – aus einer Geschäftsmodellsicht – bei H2-Innovationen nur das operative Geschäftsmodell partiell verändert wird; bei H3-Innovationen stehen partielle Veränderungen des Business Model Prototypes im Mittelpunkt, aus dem sich dann auch die notwendigen Veränderungen des operativen Geschäftsmodells ergeben.

Was Sie aus diesem *essential* mitnehmen können

Das Konzept des Lean Startups hat in den letzten Jahren insbesondere bei jungen Wachstumsunternehmen eine hohe Beachtung erfahren. Zunehmend interessieren sich auch etablierte Konzerne und Mittelstandsunternehmen für diese Innovationsmethode. Dennoch gelingt die erfolgreiche Anwendung von Lean Startup in den sogenannten etablierten Unternehmen nicht immer. Das vorliegende *essential* beschreibt zunächst zwei wesentliche Unterschiede zwischen jungen Wachstumsunternehmen und etablierten Unternehmen, die für eine erfolgreiche Anwendung von Lean Startup von grundlegender Bedeutung sind. Im Anschluss werden die grundlegenden Zusammenhänge und die wesentlichen Elemente der Lean-Startup-Methode als „multi-dimensionale Innovation" dargestellt. Danach werden Ergebnisse einer Expertenbefragung unter ausgewählten Aspekten dargestellt und kommentiert. Den Abschluss stellen konkrete Handlungsempfehlungen für die Umsetzung in etablierten Unternehmen dar. In diesem Zusammenhang unterscheidet der Autor zwischen Handlungsempfehlungen bei der Anpassung der Methode und Handlungsempfehlungen zur Weiterentwicklung/Vorbereitung eines etablierten Unternehmens, wenn dieses Unternehmen Lean Startup erfolgreich einsetzen möchte.

© Springer Fachmedien Wiesbaden GmbH 2017   47
R. Eckert, *Lean Startup in Konzernen und Mittelstandsunternehmen*, essentials,
DOI 10.1007/978-3-658-15775-3

Literatur

Baghai, M., Coley, St. und White, D. (1999), The Alchemy of Growth, Orion Business Books, London.

Breitinger, M. (2014), Die Schweizer, ein Volk von Carsharern, in Zeit Online, abgerufen am 18. Juli 2016 unter http://www.zeit.de/mobilitaet/2014-04/carsharing-international.

Blank, S.G. (2006), The Four Steps to Epiphany: Successful Strategies for Products that Win, 3. Auflage, Cafepress.com, San Mateo.

Blank, S.G. (2013), Schneller gründen, in: Harvard Business Manager, Juli 2013, S. 22–31.

Blank, S.G. (2013a), Why the Lean Start-up Changes Everything. https://hbr.org/2013/05/why-the-lean-start-up-changes-everything, Stand: 19. Januar 2015.

Eckert, R. (1996), Innovationen in organisierten Sozialsystemen: Technikgenese in der Perspektive der neueren Systemtheorie, Dissertation, Dortmund.

Eckert, R. (2014), Business Model Prototyping. Geschäftsmodellentwicklung im Hyperwettbewerb. Strategische Überlegenheit als Ziel, Springer Gabler, Wiesbaden.

Eckert, R. (2016), Business Innovation Management. Geschäftsmodellinnovationen und multidimensionale Innovation im digitalen Hyperwettbewerb, Springer Gabler, Wiesbaden Veröffentlichung in der Vorbereitung.

Eckert, R. (2016a), Herausforderung Hyperwettbewerb in der Branche: Strategie und Geschäftsmodell im Fokus, Springer Gabler, Wiesbaden.

Eckert, R. (2016b), Herausforderung Hyperwettbewerb in der Wettbewerbsarena: Strategie und Geschäftsmodell im Fokus, Springer Gabler, Wiesbaden.

Eckert, R. (2016c), Wie gestaltet man zukunftsfähige Organisationsstrukturen, in: Roehl, H. und Asselmeyer, H. (2016), Veröffentlichung in Vorbereitung.

Eckert, R. (2016d), Making Corporate Innovation Work in Established Companies. http://www.hyperwettbewerb.com/new-blog/2016/9/15/making-corporate-innovation-work-in-established-companies, Stand: 20. September 2016.

Erdem, F. (2015), Lean Startup als Innovationsansatz in deutschen Konzernen, unveröffentlichte Bachelorarbeit, Stuttgart.

Gausemeier, J. (2010), Undenkbares denken, in: Harvard Business Manager Spezial, Oktober 2010, S. 2–4.

George, M., Works, J. und Watson-Hemphill, K. (2005), Fast Innovation. Achieving Superior Differentiation, Speed to Market, and Increased Profitability, McGraw-Hills, New York.

Gomez, P., Probst, G. und Raisch, S. (2007), Strukturen für nachhaltig profitables Wachstum, in: Raisch, S., Probst, G. und Gomez, P. (2007), S. 110–123.

Hamel, G. und Prahalad, C. K. (1997), Wettlauf um die Zukunft, Ueberreuter Manager Edition, Wien.

Hrebiniak, L.G. (2005), Making Strategy Work. Leading Effective Execution and Change, Wharton School Publishing, Upper Saddle River, New Jersey.

Kotter, J. (2012), Die Kraft der zwei Systeme, Harvard Business Manager, Dezember 2012, S. 22–36.

Lindegaard, St. (2011), Making Open Innovation Work, abgerufen am 18. Juni 2016 unter http://www.15inno.com/2011/10/28/free-book-making-open-innovation-work/.

McGrath, R.G. und MacMillan, I.C. (1999), Discovery Driven Planning: Turning Conventional Planning on its Head, o. O., August.

McGrath, R.G. (2013), The End of Competitive Advantage. How to keep your strategy moving as fast as your business, Harvard Business Review Press, Boston, Massachusetts.

Nagel, R. und Wimmer, R. (2009) Systemische Strategieentwicklung, Modelle und Instrumente für Berater und Entscheider, 5. Auflage, Schäffer-Poeschel Verlag, Stuttgart.

Osterwalder, A. und Pigneur, Y. (2010), Business Model Generation. A Handbook for Visionaries, Game Changers, and Challengers, Campus Verlag, Frankfurt am Main.

Osterwalder, A. und Pigneur, Y. (2011), Business Model Generation. Ein Handbuch für Visionäre, Spielveränderer und Herausforderer, John Wiley & Sons, New Jersey.

Raisch, S., Probst, G. und Gomez, P. (2007), Wege zum Wachstum. Wie Sie nachhaltigen Unternehmenserfolg erzielen, Gabler, Wiesbaden.

Reeves, M., Zeng, M. und Venjara, A. (2016), Das sich selbst optimierende Unternehmen, Harvard Business Manager Sonderheft 2016, S. 50–59.

Roehl, H. und Asselmeyer, H. (2016), Organisationen klug gestalten: Das Handbuch für Organisationsentwicklung und Change Management (Systemisches Management), Schaeffer-Poeschel, Veröffentlichung in Vorbereitung.